酒場っ子

パリッコ

はじめに

いろいろな雑誌やWEBサイトで、これまでに出会ったたくさんの酒場のことを記事にしてきたので、よくこんな風に言われます。

「いいお店を探し出す嗅覚があるんですね！」

謙遜《けんそん》でもなんでもなく、僕にはそんな超能力はありません。強いて持っているとすれば、酒場に対する、人よりちょっと旺盛な「好奇心」のみ。

その理由についてはは、自分でもまだよくわからないのですが、僕は、なぜか未知の大衆酒場、しかも、一般的により「怪しい」とされるお店に対する好奇心が、人よりも強い。知らない街の、外観からはメニューも値段もまったくうかがい知れないような、古い大衆酒場。その縄のれんの奥にどんな世界が広がっていて、どんな大将や女将さんがいて、どんなお客さんが飲んでいるのか？　可能なら、できるだけ多く覗いてみたい。そして、ほんのひとときでもいいから、長年かけて築き上げられた、そのお店ならではの空気に浸りながら、お酒を飲んでみたい。そんな欲望を強めに持って生まれてきてしまったようです。

そもそも、「いいお店」の条件ってなんでしょう？

自分の感覚を頼りに入ったお店を「当たり」か「外れ」かで判断する方も多いと思いますが、僕にはそういう感覚がほとんどなくて、「ここは安くて美味しいお店だった」「ここはおつまみの微妙な味つけが愉快なお店だった」と、なんでもかんでも楽しんでしまう。

例えば、昨夜飲んでいた大森の飲み屋街、通称「地獄谷」の、88歳の女将さんがやっているスナック。入るなり「今、ネズミを追いかけてたところなのよ。まだつかまえてないから、もしかしたら出るかもしれないけど、大丈夫？」なんて言われましたが、大丈夫に決まってます！ 人によっては「信じられない」って話かもしれないけれど、こんなにも「今夜は一体どんなことが起こるんだろう？」とワクワクさせてくれる第一声、なかなか聞けるものじゃない。あえて当たりか外れかで言うなら「大当たり」ですよ。

あわよくば、かわいいかわいいネズミちゃんが、チュッと顔でも出してくれないかな〜、なんて考えながら、女将さんの濃密な人生のお話をつまみに飲ませてもらった時間は、やっぱりかけがえのないものでした。

「せっかくお金を支払うなら、それに見合った味とサービスをきっちり享受したい」という考えを否定する気は、毛頭ありません。一方で、「酒場」という奥深い世界に、癒《いや》しとエンターテイメントの両方を求めて通う、いわば同志の方々も、大勢いると思います。そんな酒飲みのみなさんに、「あるある！」とか「こいつ、バカな酔っぱらいだなぁ」なんて笑いながら楽しんでもらいたい。また、「興味はあるけど、まだ渋い酒場には入っていく勇気がない」という方には、「実はこんなに気軽で楽しい世界なんですよ」と知ってもらいたい。そんな気持ちで、本書を書きました。

今夜のお酒のおともに、あるいは休肝日のおともに。もちろん下戸《げこ》のみなさんにだって、珍しい酔っぱらいの生態観察記録として、気軽にページを開いてもらえたら嬉しいです。

2018年3月26日　パリッコ

目次

本文に掲載している価格・メニュー表記は訪問時のものです。

装丁　木村奈緒子（PORT）
表紙・帯・扉イラスト　スケラッコ
本文イラスト　パリッコ

酒場っ子

大衆酒場の存在に気づかせてくれたお店

高円寺「大将」

20代の頃、「高円寺」という街に入り浸っていました。

友人たちと毎晩のように集まっては、夜の街にくりだし、浴びるほど酒を飲み、酩酊し、前後不覚になって記憶をなくすという生活を何年も続けていました。その頃は、酒に酔って騒ぐことが何よりも楽しかった。今となっては何も思い出せない、記憶にも残らないようなバカ話を飽きずにくりかえし、無益ながらもゴキゲンな酒びたりの日々をすごしていたのです。

とにかく酔っぱらうことが目的なので、お店選びは「飲み放題コースがあること」を最重要視していた気がします。当時はそれが一番安上がりだと信じて疑わなかった。そういう判断基準で飲み屋を探すと、やはりどこの街にでもあるような、大手チェーン店に落ち着きます。

今のように、大将や女将さん、そこに集まる常連さん、内装などの渋味、要するに「店の味」

などにはまったく興味がなかったので、酒を飲み始めてからずいぶんと長いことそれで満足していたし、その先にもっと奥深い酒場文化の世界が広がっているなんて、考えたこともありませんでした。

ある時、少しマンネリ気味だった生活に変化がほしかったのでしょう、友達と、本当に何気なく「たまにはこんなとこ、どう?」なんて入ってみた酒場がありました。それが、現在も駅前のランドマークとして堂々と営業中の「大将本店」。

酒もつまみも安いし、何を頼んでも、具体的に「どこが」と説明するのは難しいんですが、チェーン店のセントラルキッチン的な味つけとは違う、手作りの温かみのようなものを感じる。

当時はまだ建て替え前で、歴史が堆積したようなお店自体の雰囲気にも圧倒され、その異空間に興奮しつつも、妙に居心地良く落ち着いてしまうという、これまでにない感覚を覚えました。まさに、自分の中に新しい世界が広がった瞬間。

それまでは2時間の飲み放題に数品の料理がついて3000円くらいのコースで飲むのがお決まりだったのですが、大将で興味の趣くままに焼鳥やつまみを注文し、たっぷりと飲み食いしても、お会計は2000円ちょっと。その時の「え? こんな素晴らしい世界があったの!?」という感動は、今現在、こんな本まで書かせてもらえるようになった僕の、原点と言えるでしょう。

大将は高円寺に3店舗あって、駅のホームから南口方面を見下ろした時、バスロータリーを挟んでどーんとそびえ立っているのが「本店」。

それから、南口の線路沿いを阿佐ヶ谷方面にちょっと行ったところに「2号店」。この一帯は、高架下に軒を連ねるたくさんの酒場の喧噪が混ざり合い、ちょっとしたアジアの夜市的な空気感が、非常に素敵なロケーション。

そして近年、僕が最もよく利用しているのが「3号店」。他の2店とは逆側の、北口から歩いて1~2分の場所にあります。

ここもまた、初めて訪れた十数年前は建て替え前で、ものすご~く古い味わいの残る、渋すぎるお店だった記憶があるのですが、いかんせん当時は今のような病的な「記録に残しておかねば」という意識が薄く、手元に写真などは残っていないんですよね。2005年に建物がとり壊され、それからしばらくしてリニューアルオープン。現在はピカピカのビルの1階にあるとはいえ、大衆的な雰囲気はそのまま残して元気に営業してくれているのが、今後の酒場文化を思っても本当に頼もしい限りです。

広々とした店内はもちろん良いんですが、冬場はビニールシートで仕切られ、夏場はオープンになる、道路にせり出した外席がまた味わい深い。

基本的には焼鳥屋で、大将の焼鳥こそがすべての大衆酒場における平均かつ理想というか、サイズも値段も味も「これこれ！」と納得するしかない良さがあります。逆に「ここが他とは違ってすごいんですよ！」とは説明しづらいんですけど。

隠れた名物が「スタミナ漬け」。鶏の砂肝とニンニクなどをお酢のきいたタレに漬け込んだ一品で、料理が出てくるまでのつなぎに最適。まずはこれをチビチビとやっていると、なんだか気分も盛り上がってくるし、食欲も湧いてきます。

個人的に外せないのが「マカロニコンビーフサラダ」。一般的なマカロニサラダから野菜を抜いてコンビーフをたっぷりと足した、「それ、サラダって名乗るのどうなの？」という代物なんですが、これがこってりとうまい！　以前はレギュラーメニューにあったんですが、最近は日替わりの中に、ある時はある、という感じなので、見つけたらぜひお試しあれ。

そして、3号店最大の特徴であり、僕がつい足を運んでしまう理由でもあるのが、「火鍋」の存在。

酒場っ子メモ　通う酒場のディープ化。高円寺の若者を例にとると「一休」～「大将」～「四文屋」と変遷していくパターンが多い気がします。

そう、ここ、焼鳥屋さんなのにきちんと2種類のスープが楽しめる、本格的な火鍋を出しているんですよね。

陰陽のマークに半々に仕切られた鍋に、真っ赤な辛いスープと白湯スープが張られ、ニンニクと、日本ではあんまり見慣れない木の実みたいなもんがゴロゴロと浮かんでいます。1人前850円、2人前1700円。他にもおつまみはいろいろあるので、3~4人で行っても2人前を頼んでおけば問題ないんじゃないでしょうか。

肉はラムか豚から選べますが、嫌いでなければラムを選ぶのが気分。他、たっぷりの野菜や鶏団子などがやってきて、肉以外は気どらずにもう、ドサドサドサッと鍋に投入してしまいましょう。あえて真ん中の仕切りを無視し、鍋の上空からザーッと入れる瞬間に、謎の快感があります。

味もなかなか本格的。辛いほうもそうでないほうも、日本のどの鍋とも違う薬膳っぽい風味がなんとも嬉しく、ガブガブとお酒を飲んでも体への悪影響を相殺してくれそうな味わいです（気のせい）。

また、時間が経つと最初にスープに入っていたニンニクが、ムニャムニャのトロットロに仕上がってきて、これが後半のお楽しみ。

具材の追加が豊富なのも嬉しく、「ねぎ」「ニラ」「豆腐」「もやし」「大根」「春雨」「ジャガイモ」「トマト」「キャベツ」がそれぞれ150円。「鶏団子」「餃子」が250円。「ラム肉」「豚肉」が380円。締め用の「中華麺」「うどん」「ご飯セット（ごはん・生卵）」が250円。

これだけあると、組み合わせのパターンは天文学的数値というか、すいません、算数にあまり詳しくなくて間違ってたら申し訳ないのですが、計算上は「無限」ということになるでしょうか。

個人的なおすすめ追加具材は、「ジャガイモ」であります。

中央線的大衆酒場の象徴だった

高円寺「あかちょうちん」

20代の頃に入りびたっていた高円寺の街で、知らぬ者のない大衆酒場がありました。「あかちょうちん」というお店。

名前からしてかなりきてますよね。入り口の横の赤いちょうちんに「○○屋」なんて書いてあるのが常識的な酒場ですが、店名がずばり「あかちょうちん」。で、別に赤ちょうちんは下がっていない。この大雑把さがたまらなく愛おしいです。

特徴はなんといっても、安さ。とにかく安い！　親の仇のように安い！　鬼の首でもとったかのように安い！

高円寺は、日本全国から誘蛾灯《ゆうがとう》に群がる虫たちのように、有象無象のバンドマンやサブカルっ子が集まる街。「日本のインド」と呼ばれるほどフリーダムな空気に包まれている一方で、若者たちの鬱屈した焦燥も渦巻いている。そんな「売れない」表現者たち、すべての受け皿になってくれていたのが、あかちょうちんだったのです。

ご多分に漏れず、僕もそのひとりでした。やりたいことはたくさんあるし、時間もあり余っている。口だけは達者なのに努力はせず、連日連夜を無益な泥酔の時間に捧げる。だからこそ、すべてを許してくれるような街の空気感が妙に心地良く、空虚でありながらも底抜けに楽しい日々が、そこにありました。そんな、どこにでもいるダメ人間たちのオアシス。あかちょうちんは、僕の中の「中央線文化」の象徴のような存在でした。

どれだけ安かったか。

お店は北口「庚申《こうしん》通り」の入り口付近にあり、雑居ビルの2階。そこへと続く階段の下に、お店のサービス内容をアピールする何枚もの看板が設置されており、内容が衝撃的。そのまま書き出してみましょう。

タイムサービス

(1) PM5時~7時　サワー、日本酒、カクテル、梅酒、ウイスキー、ゆず酒→100円

（2）ＰＭ7時~9時　（A）ハイボール１００円割引１８０円（B）鍋物にうどん、とり肉、
　生玉子、３点セットサービス
（3）ＰＭ10時~ＡＭ3時　飲み放題（2時間）４９０円

ね？　すごいでしょう……。

宴会コース
２５００円飲み放題【飲物】ビール、日本酒、梅酒、サワー（10種類）、ウーロンハイ、カクテル（15種類）、ハイボール、ソフトドリンク、アイスクリーム、他【料理】鍋物 又は すし（刺盛）、棒棒鶏 又は とり唐揚、揚物3点セット、生野菜、えびチリソース、焼物、雑炊 又は うどん 又は 焼そば、その他

ね？　過剰でしょう……。もはや安さの押し売り。すでにクラクラとし始めた頭で店内へと進み、まずは生ビールでも一杯ひっかけて落ち着きましょうか。

頻繁に通っていた当時は、今よりもさらにだんぜん貧乏で、とにかく安く済ませられる飲み方の探求に余念がありませんでした。そんな時、力強い味方になってくれたのが、焼酎のボトル。

ここのボトルは一升瓶。「いいちこ」「二階堂」「ちょっぺん」「(黒)桜島」「白波」「黒霧島」の6種類で、各2900円。じゅうぶんお手頃ですよね？ 同じようにうだつの上がらない友達の2~3人も誘って行けば、めちゃくちゃ安く飲める。

ただし、これで驚いていられないのがあかちょうちんの恐るべきところ。なんと毎週、日、月、金曜日、これらの焼酎ボトルが、すべて半額！ つまり、1450円。あきらかに原価割れてるでしょ……。

もちろんボトルキープもできるので、一度頼んでしまえば、そのあと何回かはお酒代がかからない、なんてパターンもぜんぜん珍しくありません。

「安いのはわかったわかった、もうかんべんしてくれ！」って？ それはできない相談ですね。ボトルキープの際に渡される「ボトル会員カード」、次はこちらに注目してください。

表には「3本目と5本目は半額、6本目は焼酎のみ無料です」とあります。3本目と5本目は半額だし、日月金曜も半額だし、こうなってくると、全額を出すほうが難しいようにすら感じてきます。うまくやりくりすれば、なんと6升の焼酎が7250円で手に入ってしまうという計算。このシステムに、どれだけ飲ませてもらったことか……。

さらに裏面は「飲物サービス30杯分（期限ナシ）」と書かれたスタンプカードになっています。これ、1回の来店ごとに飲み物が1杯サービスになるというもの。

つまり、先ほど最初に飲んだ生ビール、このカードのおかげで、無料だったってことです。しかもですよ、見すごせないのが「サワー カクテル ウィスキー ウーロンハイ 梅酒 ワイン」は「いずれか2杯サービス」という表記。ここまでくると、もはや「意地」ですね。

コーンたっぷりの「ピザパイ」、ギザギザした大量の「フライドポテト」、炒めた豚肉がご飯にドサッとのった「焼肉ライス」、料理は全体的にジャンクなんだけど、だからこそお酒の進むものばかりで、しかも、もはや説明するのも疲れてきましたが、何もかも安い。

中でも、店員さんに本場の方が多かったようで、台湾料理コーナーは充実。特に好きだったのが「回鍋肉《ホイコーロー》」。しっかりと衣をまとった分厚い豚肉が、キャベツとともにザクザクとした心地良い歯ごたえ。濃厚な甘辛ダレがたっぷりと絡み、これをつまみにボトルの焼酎をグイグイとやるあの感覚は、僕の青春の味のひとつに違いありません。

台湾名物料理
皮蛋豆腐 280
春巻 280
豚くの耳 280
炒青菜 380
水餃子 380
いかボール 380
腸詰 450
回鍋肉 450
炒米粉 450

もういいかげん、「安い」ことは伝わりきったかと思いますが、それにしてもあかちょうちんは、常連さんたちから愛されすぎていました。それはなぜか？

一度でもお店に行ったことのある方ならばすぐにわかるでしょう。店長、東《あずま》さんの存在です。いやまぁ、普通のおじさんなんですけどね、東さん。台湾なまりの日本語でいつもニコニコと迎えてくださり、まさに究極の癒し系大将！　忙しいとめちゃくちゃぶっきらぼうな接客になってきたりするけど、そこがまた憎めない。

今思えば、あそこにいたお客さんたちはみんな、「安いから」を口実に、東さんに会いにいくことで、鬱屈した精神を癒していたのかもしれないな。

2010年の9月、「あかちょうちん」はお店をたたんでしまいました。

前年、南口の居酒屋「石狩亭」で火事があり、その影響で、地下にあった有名ライブハウス「20000V」と「GEAR」が営業を停止。連日のようにあかちょうちんで打ち上げをしていたバンドマンたちの客足もガクッと落ち込んだようで、かくいう僕も、おじゃまするたび、「以前ほどの活気がないな」と、なんとなく心配していました。

もちろん、この土地で長く営業を続けられてきたお店ですから、それだけの理由でということではないんだろうけど、いろいろな事情もあったのでしょう。

営業最終日、ご挨拶がてらに飲みに行くと、いつもと変わらない笑顔の東さんが迎えてくれました。

こういう時の切なさって、独特のものがありますね。何度も良くしてもらった方だけど、友達ともまた違うので、「東さん、またたまには会いましょうよ」と約束をするわけでもない。ただ「ごちそうさまでした。美味しかったです。ありがとうございました」と言って、お会計をし、店を出る。自分とひとつの酒場との関係に、幕が下りてしまった瞬間です。

その時、「もう必要ないから」といただいてきた、お店で使っていたジョッキやお皿。たまに家で回鍋肉を作る時、やっぱりこれじゃないと締まらないんですよね。

酒場っ子メモ　東さ～ん！　最近どうしてますか？　良かったらこんど、飲みに行きません⁉

見える人にしか見えないお店

渋谷「細雪」

街には「見える人にしか見えないお店」というものが存在します。

なんだか胡散《うさん》臭い話ですが、これはたいがいの飲み友達に「あるある！」と共感してもらえる現象であり、確かにあるんです。

具体的にどんなお店か。

例えば、あなたが転職をして、新しい街で働き始めたとします。毎日毎日同じルートを通って出勤し、帰る頃にはネオンの灯りだした繁華街を抜けて駅へと向かう。お酒好きなら、ちょっと気になる居酒屋やバルに寄って帰ることもあるでしょう。

1年くらいそんな生活を続けていたある日、ふと「え？　こんなところにこんなお店あったっけ？」と気づく。

年季の入ったのれんと赤ちょうちんの雰囲気から、どう見ても最近オープンしたようには見えません。日々何気なく通りすぎていた道に、ある日突然出現したかのような渋〜い大衆酒場。まるで狐か狸にでも化かされたような気分。

そう、あなたが、「見える人にしか見えないお店」を見つけた瞬間です。

人間なんていい加減なもので、駅や会社などの目的地と、そこへたどり着くためにどの角を曲がるかといった目印、それ以外のものを注意深く観察しながら歩いている人なんて、そんなに多くないみたいですね。それが証拠に、つい最近携帯ショップになってしまったあの場所、前にどんなお店があったか思い出せないことなんて、日常茶飯事じゃないですか?

しかも大衆酒場なんてものは、まるであえてカモフラージュしたかのように、都市の雑多な灰色に溶け込んでいることが多い。なんなら「隣の店ではよく飲んでたのに!」なんてことすら起こりうるのが、街の楽しさでもあります。

この「見える人にしか見えないお店」という概念。少しだけ偉そうに言えば、「その街で一定の飲み経験を積むと見えるようになる」と定義したほうが、より正確かもしれません。

街に慣れ、知ったお店も徐々に増え、やがてちょっぴりマンネリを感じてきた頃に、お酒の神様がくれるプレゼント……とまで言うと、ちょっと気どりすぎですかね。

またそういったタイプのお店には名店が多く、一歩中に入ると、「普段慣れ親しんだ街にいるとは思えない」という異世界感を味わえたりして、そんな感覚もまた、酒飲みにとっての大きな楽しみのひとつでしょう。


見える人にしか見えないお店の代表格といえば、渋谷にあった「細雪《ささめゆき》」。

京王井の頭線渋谷駅の西口改札を出ると、なんと1軒目、つまり改札の真横にありながら、その存在に気づくまでには、本当に長い年月を要しました。

そもそも僕、以前は渋谷という街に対して少し警戒していたところがあり、「はいはい存じております。ここはオシャレな若人さんたちのための街なんですよね？　場末が似合いの酒飲みは、用事が済んだら早めにおいとましますんで」ってなもんで、はなから自分を受け入れてくれるようなお店なんてないと決めてかかっていた。

そりゃあ街だって、見せてくれないですよね。「見える人にしか見えないお店」。細雪の存在に気づき、初めて入った時は本当に感動しました。

こぢんまりとした店内の床は、外の地面と変わらないようなコンクリート製。ふたりがけや4人がけの席がいくつかある他に、厨房近くにひときわ大きなテーブルがあって、そこは常連の先輩方が集まる特等席。

その時は僕ひとりだったのですが、お店の混雑状況などの関係でしょう、この特等席に「ここでもいい？」と通され、およそそれまで渋谷の街では見かけたことのなかった、「あ、こちらにいらっしゃったんですね！」っていう、味のあるツラがまえの親父さんたちにガンガンに話しかけられながら、やたらと濃いホッピーセットで酔っぱらったことを覚えています。

口数の少ない大将と、愛想の良い女将さんのおふたりで営業されていますが、他に、いつ行っても必ずいる常連のおじさまがひとり。常にかいがいしく手伝いをされており、僕がその方を店員さんじゃないことを知るのは、ずっとあとになってからのことでした。

名物は「肉豆腐」。半丁分はあろうかという大きな豆腐と、く

たくたに煮込まれた豚肉に、玉ねぎ、それらが、およそ「飲食店」というイメージからかけ離れた雑さで、ドサッと皿に盛られて350円。

丸々と太って脂ののったイワシが2尾の「丸干しいわし」に、豚肉やモヤシもたっぷり入った「ニラいため」も良かったなぁ。

油断して飲むと1杯で潰されてしまうほどナカの濃い「ホッピーセット」は350円。「チューハイ」は300円。

何もかも、とても都心の一等地で営業しているとは思えない安さで、まさに「渋谷の奇跡」としか言えないお店でした。


そんな名店もまた、2017年の3月いっぱいでその歴史に幕を下ろしてしまいました。

ファンの多いお店ですから、営業終了日に向けては大いににぎわったようです。

僕も運良く一度、閉店数日前の細雪に空席を見つけ、飲むことができました。その時は友達と、それまでは手が出せなかった高級品の「日替わり刺身」（といっても550円からあって、絶品）や、なじみのおつまみを惜しげなく頼み、思う存分飲みましたよ！

酒場っ子メモ　渋谷の大衆酒場の雄、巨大な地下空間の立ち飲み「富士屋本店」も、2018年秋に営業を終了してしまうそうですね。あぁ、切ない……。

最後に大将にむりを言い、普段は「魂を抜かれるから」などと絶対にOKしてくれない記念写真を一緒に撮らせてもらったのですが、見返すたび、寂しさと、細雪のなんともいえない幸福な空気感が思い出される、切ない1枚となりました。

大都会新宿、最後の聖域

新宿「番番」

新宿と渋谷。この東京を代表する2大都市で飲むことになった時、お店選びにはかなり苦労します。

「は？　飲み屋なんて無限にあるじゃ～ん」って？　そりゃあ、なんでもいいなら、お酒が飲めるお店の軒数でいったら、もしかしたら日本、いや世界で、1位と2位の街かもしれません。だけど僕のように、できれば古き良き大衆酒場的な味わいを感じられるようなお店で、あわよくば「美味しいのに、なんだかびっくりするくらい安かったね！」なんて驚きもほしいという、「わがまま酒野郎」になると、一気に選択肢が狭まってしまうんですよね。

大都市というのは、とにかくいろんな年代、職業、出自の方が入り乱れている上、再開発のサイクルも早い。自然と最大公約数的、つまりチェーン店的なお店が増えてしまって、なかなか独自のカラーがあるお店は成立しづらいのでしょう。いや、大勢でワイワイ飲むならそういうところでいいんです。だけど、ひとり、もしくは少人数で、きっちり「酒を飲む」という行為自体も楽しみたいとなると、どうしても妙なこだわりが出てしまう。まったく損な性質です。

今回は新宿が舞台。しかも歌舞伎町のど真ん中。さすがに昔ながらの大衆酒場は全滅だろうと思いきや、奇跡的に残っている、我々場末人間にとっての聖域のようなお店があるんですよね。

店名を「番番」といいます。

JR新宿駅方面から歌舞伎町へ向かい「さくら通り」に入ってすぐの左手。ひっそりとお店の看板があると思います。お店は地下1階で、地上から覗き込むと、まっすぐな階段の下に待ち合い用の椅子がふたつほど見えるだけで、中の様子はわかりません。この時点で、一見《いちげん》さんにはちょっと入りにくい雰囲気。この立地にありながら知る人ぞ知るというか、決して新歓コンパの大学生集団が流れでたどり着くお店ではない感じが、逆に頼もしいのです。

では、階段を降りていきましょう。お店の入り口をくぐった瞬間、そこに広がっているのは、大都市に追いやられた酒飲みたちの最後の聖域！　昭和そのもののようないぶし銀の世界に圧倒

酒場っ子メモ　先日、池袋の街を歩いていたら、よく似た「番番」という看板を発見。調べてみると、昨年（2017年）オープンしたての2号店だそう！　これはまさかの展開でした。

されることでしょう。

店内は外から想像するよりだいぶ広く、すべてカウンター席。中央の調理場をぐるりと囲むように、「コ」を通り越した「C」の字を描くカウンター、席数は40~50はあるんじゃないかと思われます。

中央の焼き場ではモクモクと炭火で串が焼かれ、閉塞された地下空間をくまなく燻《いぶ》しているので、店内はたまらない風合いにスモークされてます。その場に自分が存在しているだけで嬉しく、ここが歌舞伎町のど真ん中であることを思い出すとさらに楽しい。

調理場には若手から超ベテラン風まで男性の店員さんが4名ほど。皆テキパキとお仕事をこなされており、その姿にほれぼれします。パッと見恐ろしい大将は、常に鋭い目つきで店内に睨みをきかせていて、「ありゃ、こりゃあ僕みたいな若造にはまだ早いお店だったかな……」と思いきや、飲み物がなくなる絶妙のタイミングで「次何にしましょう?」なんて声をかけてくださいます。これが俗に言う、「ギャップ萌え」ってやつですか。

メニューのほうも、眺めているだけで嬉しくなってしまう「ザ・大衆酒場」なラインナップ。「もつ焼」に「とり焼」各種が1本100円。「梅きゅうり」や「山芋千切り」のようなあっさりも

のから、「煮込」「とりたたき」「馬刺 赤身」などの一品料理まで、信頼と実績の品々が並びます。
　僕が好きなのは例えば、「厚揚」。３００円というリーズナブルさながら、丸々1枚分がどーんと出てくる。これが串と同様、炭火でこんがりと焼かれており、たっぷりのカツオ節、ねぎとのハーモニーもたまりません。
「煮込どうふ」は、注文が入ってから鉄の小鍋に絹豆腐を入れ、その上に煮込みをかけてぐつぐつと火を通す作りたてタイプ。これまた満足度の高い一品です。
「しろ」「ればー」「はつ」「たん」「かしら」「なんこつ」「こぶくろ」「ひな正」「ねぎま」「とりかわ」「すなぎも」、1本１００円の串焼きは何を頼んでもしっかりとうまいんですが、贅沢と思いながらも毎回頼んでしまうのが、２００円の「豚ばら」ですね。これが、厚みも幅もものすごい。語弊を恐れずに言うならば、「串刺しポークソテー」ですよ。

絶妙な塩加減に、コショウのたっぷりと効いた表面は、潤沢な脂でテカテカとコーティングされています。とはいえしつこくはなく、サクッと嚙み切ると、豚特有の旨味、香りが口じゅうにジュワッと広がり、しばし恍惚。

さらに驚くべきというか、番番を奇跡の酒場たらしめているのが、飲み物の値段。「レモン」「ライム」「梅」「青リンゴ」の各種チューハイ、「白波」「二階堂」「いいちこ」「紅乙女」「雲海」の各種焼酎、燗酒《かんざけ》「栄の井」、以上がなんと、250円ですよ！　しかも僕がお店の存在を知って10年以上、この値段が変わっていない。一体どうやりくりすれば、この立地でそんなことが可能なんでしょうか？

焼酎は、ロック、水割り、お湯割り、ソーダ割りも可能で、白波をソーダで割れば、僕の大好きな「芋ハイ（芋焼酎のソーダ割り）」の完成。これ、ものすごく風味豊かかつ爽やかなので、まだの方はぜひ一度試してみてくださいね。嫌いだったらすんません。

新宿歌舞伎町という、きらびやかで華やかな、自分とはあまり縁のない街。その中に、下町にあったって地元の酒飲みたちがわらわらと集まってくるであろう、大衆酒場の名店がある。道に迷った夜の田舎街で、数時間ぶりに見つけたコンビニにも匹敵する、オアシスのような存在。

ちなみに実は、歌舞伎町にはもうひとつ、西武新宿線の新宿駅寄りに「萬太郎」という、こちらも時代からとり残されたようなお店があります。上品なスープに添えられた韓国風の辛味噌が特徴的な「煮込」が絶品なんですが、また別の機会にでも。

超絶品肉料理の数々、だけど本当の魅力は……

練馬「友愛」

生意気にも、飲食店でいただいた料理の感想を書かせてもらうことが仕事の一環になっているような僕ですが、実は、「個人的にすごく嫌いな表現」というものがあります。

例えば、「ここの〇〇は日本一！」。

え？ 食べたの？ 全部？ その〇〇を出してる全国各地の飲食店、ひとつ残らず食べ比べて、その上で主観を含まず、客観的な評価でもってその発言をしているの？ それ、一個人には不可能じゃない？

と、つい自分の性格の嫌〜な部分がさらけ出されるほどに、引っかかってしまう表現です。「僕は（私は）ここの〇〇が日本一好きです！」ならぜんぜんいいんですよ。それって思い入れ込みだから。

または、「ここの○○を食べたら他では食べられない！」。

いや、ないって！　そんな珍しい生理現象、人間に起こりえないって！　え、何？　超高級焼肉店で最上級の肉を一度でも食べてしまったら、牛丼は食べらんなくなるの？　入るでしょ？　小腹減ってて、駅前に牛丼屋しかなかったら。で、実際食べたら美味しいわけでしょ？　何？　まずい？　その味覚のほうがどうかしてると思いますけどねぇ。

もしくは、「こんなにうまいものをいただいてしまって申し訳ない！」。

いやいや、勝手に申し訳がられても逆に困るんですけど。浸りたいだけだよね。ＳＮＳなどを通じて「優越感」に。別パターンで「みなさんが仕事をしてる時間からビールなんか飲んじゃって申し訳ない！」ってのもあるけど、それも結局さぁ……このへんにしときましょうか。

とにかく僕は、一部の特殊な能力を持ったエキスパートを除き、人間の味覚なんて気分や環境に大きく左右されるいい加減なもんだし、ならばあんまり優劣をつけたりせずに、どんなお店に行っても、そこなりの良さを楽しもうよ、というスタンスでいたいわけです。そもそも、大衆酒場の魅力って、味以上にお店の雰囲気や人によるところが大きいと思うので。

が、こんな僕でも、純粋に料理の味自体に感動してしまうこともあります。時として、「こんな場末のお店で、こんなハイクオリティーな料理が食べられるの!?」という驚きと出会えるのも、大衆酒場のおもしろさですしね。

僕が大好きな練馬の「友愛《ゆうあい》」も、アットホームな雰囲気とリーズナブルな価格設定が特徴ながら、すべての料理に驚きが詰まっているような、奇跡のお店。

名物は、長年精肉業にたずさわられてきたご主人、佐藤さんが作り上げる、絶品肉料理の数々。毎日早朝から市場へ通い、50年以上に渡って築き上げてきた独自のルートと目利きで、上質な肉をなるべく安く仕入れ、お客さんに還元するというスタイル。

例えば、都内の高級料亭が、すき焼きやステーキ用に贅沢にカットして買っていく和牛。その際、どうしても「端肉《はにく》」というものが生まれます。品質自体はまったく変わらないこういった部位を、各業者を丁寧に回って仕入れてゆく。そういう努力のおかげで友愛では、一品数百円から高くても1000円くらいで、A4やA5クラスのお肉を存分に味わうことができるんですね。

料理の腕も確かで、揚げ物は新鮮な油にこだわり、サクッと軽やかに。一般的なそれの10倍は肉々しいメンチカツも、まったくもたれることがありません。

1本120円～の串焼きも名物で、「ねぎま」でも「れば」でも「つくね」でも、一口食べればわかる品質の違いと気前の良いボリュームは圧巻。

友愛最大の謎であり、初めてメニューを見た人は必ず「これなんですか?」と尋ねざるをえないのが「つちの子」。実は、大ぶりの鶏ササミ肉に切れ目を入れ、そこにたっぷりのワサビを塗って、波打つように串に刺し、特製ダレで焼き上げたオリジナル。見た目がそれっぽいからこのネーミングというわけです。絶妙のレア感と食べごたえ、涙が出るほどのワサビの刺激。危険なくらいお酒が進むんだよなー。

冬場の鍋もお楽しみだし、腹ぺこならば「カツカレー」をいっちゃうという手もある。「ワンヒートビーフ」なんてのもあって、これは熱々に熱した南部鉄皿で野菜を焼き、火から下ろしてお客さんのもとへ。そこで薄切りのA5和牛をさっと焼いて食べるというもので、焼肉ともステーキとも違うジューシーさが、も〜たまりません!

僕がお店に通うようになったのは10年近く前。今ではその記憶すらぼんやりとし始めてしまった「肉刺し」も、当時は普通にい

ただくことができました。定番は800円の「和牛赤さし」。ルイベ状に凍らせた牛の赤身がバラの花のように盛られた美しい一皿で、5分ほど待って少しずつ溶け始めた肉に醬油をちょんとつけて食べると、口の中でとろけて濃厚な旨味が広がる。はっきり言って、この世の全赤身肉の中で一番うまい。日本一ですわ。

仕入れの状況によっては、さらに希少なお肉に出会えることもありました。本当にごくまれに、あればラッキー、即注文すべしだったのが、「牛ミスジ大霜さし」。1頭から数百グラムしかとれず、幻と呼ばれる「ミスジ」の、それもA5ランク！　これが先ほどと同様、生で出てくるんですが、もう、コンピューターグラフィックスで均一に描画したのか？　ってくらい美しい霜降り。甘くて、濃厚で、それでいてしつこくはなくて……。

ちょっともう、他のお店でお肉は食べられなくなっちゃいますよね。

友愛にしばしば通うようになると、佐藤さんも自分のことを覚えてくれ、「何日か前に連絡くれれば、美味しい肉用意しとくからさ！」なんて言ってもらえるようになりました。なんとありがたいことか。

ある時そんな流れで、幻も幻、超～希少な品を出していただいたことがあります。それが「和牛黒タン」。

普通、牛のタンの表面は白い色をしているんですが、黒毛和牛のタンはそれが真っ黒なんだそう。黒毛和牛でも交雑のものだと「半白半黒」といって色が混ざる。ほとんどの人はそれを黒タンだと思って食べているんだけど、本当の本物は違うんだそうです。

あの佐藤さんが毎日毎日市場へ通ってなんとか約束をとりつけ、2ヶ月も待ってやっと1本だけ仕入れた、まさに「友愛」精神の結晶。タンモトからタンサキまで均一に霜が入り、どこを食べてもしっとりとした美味しさがあるというこの黒タンを、鉄皿で軽く焼き、塩だけでいただいてしまったんですが……。

「世界中のみなさま、申し訳ありません！」としか言えませんでしたね。

とまぁ、気づけば自分内NGワードがすべて出きってしまいました。お恥ずかしい限りですが、まぁ、僕のチンケなプライドなどあっさりと吹き飛ばすほど、友愛の肉料理は美味しいということで。

ただし最後にこれだけは言わせてください。僕は「ただ安くて美味しいから友愛に通っていたわけではない」と。やっぱり、佐藤さんの人がらにこそ惚れて、「また会いたいな」と思うから通っていたし、他の常連さんもみんなそうでした。

ひとつ、佐藤さんという人を表す、こんなエピソードがあります。

鳩山由紀夫氏が総理大臣を務めていた頃、「友愛」というキャッチコピーを使用していたつながりで、ある新聞社がお店に取材に来ました。その時に居合わせたひとりの女性客が、記者の方に対してお店に関する思い出話をされ、それが記事として掲載されたそう。内容はこのようなものでした。

「夫の暴力に悩んでいたある女性が、子供ふたりを連れ、逃げるように家を出、母子寮で暮らしていた。子供たちを銭湯に連れていった帰り道、友愛の前を通ると『いいにおいがするね!』と、育ち盛りの子供たちが入店をねだるのだが、生活はギリギリ。困っていると、マスターは子供たちに唐揚げやコロッケをごちそうし、なんとお土産まで持たせてくれた。女性は『思い出すだけで涙が出ます』と語った」

あまりにも美談で、読むたびに目頭が熱くなってしまうこのお話。僕はとあるブログで知ったのですが、お店に通うようになってからだいぶ経った時、佐藤さんに直接、この記事について聞かせてもらう機会があったんです。それに対する返答を聞いて、また何倍も、友愛のことが好きになってしまいました。

「そんな話よく知ってるね。私は単純に『かわいそうだな』と思ってやっただけだし、まさか新聞の記事になるなんて思ってもみなかった。自分のちょっとした好意でそんなに喜んでもらえるんだから、常にそういう姿勢で仕事をしないとなって、逆に勉強させられましたよ。今やその女性も立派に自立してね。『お店に恩義があるから』っていまだに通ってくれて。本当に嬉しいよね」

残念ながら友愛は、事情により、現在は別の方がお店を引き継いで営業されています。なので、雰囲気やメニューなどはだいぶ変わってしまったよう。どんな形であれお店が残っていくのは素晴らしいこととは思いつつ、また佐藤さんが腕をふるう肉料理を、佐藤さんのお話を聞きながらいただくことができたら、というのは、僕の酒飲み人生の夢のひとつでもあります。

酒場っ子メモ　友愛のご主人、佐藤さんは一切お酒を飲まないらしいです。そういう酒場の店主、実は意外なほどに多いんですよね。

「湯上がり酒場」の究極系

中村橋「貫井浴場」

僕、銭湯が大好きなんですよ。

例えば街なかで、ちょっと早めにひとつ用事が済み、次の予定まで小一時間でも空いてたりすると、ここぞとばかりに近所の銭湯を探し、あとさき考えずに飛び込んでしまいます。仕事で外に出る時も、付近に銭湯がないか下調べしておいて、無事に片づいたら、ひとっ風呂浴びてから帰ったり。

湯上がりの究極のさっぱり感と、全身がゆるみきった無防備さ。と同時に、脱衣所の縁側に出た時の、わずかな空気の流れをも敏感に感じとってしまうような研ぎ澄まされた感覚。なんかこう、しばしの間、全身が心地の良い空気の層に包み込まれているような、家のお風呂では味わえない快感がありますよね。

人間の三大欲求は、食欲、性欲、睡眠欲ってことになってるようですが、ここに是非「入欲」も足してやってほしいもんです。

そして銭湯の休憩所にかなりの確率で存在するのが、よく冷えたコーヒー牛乳。ではなくて、僕が興味があるのは、その横の缶ビール！

中世のなんとかって哲学者の言った「湯船から最初の一杯までの距離は近ければ近いほど良い」は至極名言ですよね。ん、そんな言葉なかったでしたっけ？　まぁいいじゃないすか。

風呂上がり、ビールをグイッといくと、たっぷりと汗をかいた全身に、キンキンに冷えた水分、そしてアルコールが染み渡っていくのが、克明に実感されます（本当はこういう状態での水分補給はお水やソフトドリンクがよろしいようですが、たまにはね……）。

そしてすぐにやってくる、酔い。汗による水分排出の影響か、体を温めた関係か、それとも銭湯へ行くのって空腹な時が多いからか、とにかくビール1缶でもかなり回るんですよね。

銭湯独特の心地良さに、この酔いが加わってポーッとしている時間。これこそが、人類最高の幸福と言ってしまってもいいんじゃないか？　なんて思ったりします。

そんな極楽を味わうための究極の銭湯のひとつが、西武池袋線、中村橋駅から徒歩10分ほどの「貫井《ぬくい》浴場」。

僕も初めて行った時は、まさかここまでとは思ってませんでしたよ……。

いえね、とある休日、ふらっと行ってみたんです。理由は、よく見ている「東京都浴場組合」のホームページに「露天風呂がある」と書いてあったから。実は都内にも露天風呂のある銭湯って意外とあって、本格的な岩組みのもの、狭～い空が見えるだけのむりやりなもの、「窓が大きめで、そして開いている」という条件だけで露天と言いはってるもの、どこも創意工夫が愛しかったりします。わざわざ遠出しなくても温泉気分が味わえるのは、嬉しいもんですよね。

貫井浴場の露天風呂はなかなかの本格派。

約3畳ほどの湯船は石造りで、そこに東屋風の屋根がかかって、温泉的な情緒たっぷり。温度は40～41度かな？　熱すぎず、のんびり入っていることができます。

さらにすごいのが、その露天の向かい側にほぼ同じ大きさ、同じ作りの水風呂があること！　近年水風呂に開眼しまして、湯船と交互に、長ければ5分くらいは入ってしまうんですが、こんなに粋な露天の水風呂がある銭湯ってのもなかなか珍しいんじゃないでしょうか？

内風呂も全体によく掃除がゆき届き、マッサージ、バイブラ、座風呂など、基本的なバリエーションはまず押さえてあって、とりわけ寝風呂の角度は絶妙。ガラスの壁で仕切られた一室はラドン風呂になっていますし、もちろんサウナも完備。窓の外に植えられた竹のシルエットもいい風情ですね～。

マンションの1階にある、いわゆるビル型というやつなんですが、それを感じさせない工夫が随所に凝らされた、ハイクオリティな銭湯でございました。はぁ～、今日もいいお湯だった。

—完—

……って、ここで終わると「銭湯っ子」。貫井浴場のすごさは、実はそのあとなんです！

初めて伺った時、番台の左側に男湯と女湯の入り口、その逆側に、また別の木組みのガラス戸を発見しました。奥は何やらお座敷のように見えます。そこで帰りがけ、女将さんに「こっちの部屋はなんですか？」とお聞きすると、「食堂になってるんですよ。営業は夕方からなんですけど」とのこと。

え？　突然の耳より情報！　その時はまだ日が高かったのであきらめ、壁にかかったメニュー

酒場っ子メモ　銭湯の休憩所のバリーエションは本当に幅広く、店主がマジックを見せてくれる、爬虫類をめちゃくちゃ飼っている、常連さん用の食器棚が置いてあって毎晩宴会が開かれてる、など、体系だてた分類は不可能なほど。

だけはチェックしてみたところ、生ビール、各種サワー、ホッピー、冷酒、ソフトドリンク、ラーメン、やきそば、肉うどん、カレーライス、とんかつ定食、ナポリタン、唐揚げ、カキフライ、おでん、肉じゃが、ネギトロ、フライドポテト、枝豆、たこ焼き、いかげそ揚げ、やきとり、などなど。とてもここには載せきれませんが、すごい、これ、もはや居酒屋じゃないですか！

もちろんすぐに出直しました。そしたらも〜、天国だった。

前述の通りゆるみきった状態で食堂の入り口をくぐると、田舎町の小さなホールくらいはありそうな広々空間。奥にはカラオケステージのような台座があって、一角ではＴＶが放映中。座卓がいくつか、かなりゆったりとした間隔で並べられています。幅広い層への配慮か、ダイニングタイプのテーブルもあり。

さっそくひとつの座卓に陣どり、番台に注文にいきましょう。

満を持して流し込んだのは、こと銭湯においてはビールよりも珍しい、キンキンの「ホッピーセット」。４００円で嬉しい柿ピーつき。ナカの濃さもそこらの大衆酒場に負けないレベルですが、企業ロゴなどが入らない家庭的なグラスがちょっと新鮮で嬉しかったりします。ちなみにナカのおかわりは２００円で、これ「大衆酒場あるある」なんですが、おかわりを頼むごとに焼酎の量がちょっとずつ増えてゆくタイプ。ゆるみきった顔がさらにゆるんでしまいます。

おつまみは、飲める銭湯ではなぜか定番の「ゆでたまご」が1個50円、「冷奴」が200円といった具合に、かなり良心的。

が、さら貫井浴場を満喫したいなら、しっかりお腹を減らして行って、定食系のメニューで飲むというのもありです。

例えば850円のハンバーグ定食は、有名店の肉汁たっぷりバーグなどとはベクトルが違うんですが、家庭的で素朴な美味しさ、かつ、かなりのビッグサイズ。これを箸で割って口に放り込み、やわめに炊かれた白米をガシガシとかき込む。ホッピーで追いかける。「おれは今、自分の身体の声に忠実に欲望を満たしている!」という、根源的な喜びを感じられる瞬間ですね。

TVでは当たり前のように「これリアルタイム?」ってな昭和歌謡番組が流れ、隣のお父さんはナポリタンとコーンサラダ、前のおばあさまは肉うどんと餃子でビール、あっちのお兄さんは焼

鳥にサワー。みんな思い思いに楽しまれていて、なんだか勝手に嬉しくなっちゃいます。ひとりもいいんですが、友達何人かと行って、風呂上がりにワイワイ宴会するのもいいんですよね。そんな時、誰からともなく必ず出てくるのが「これ、もはや旅行じゃね？」というセリフ。確かにここでボーッと飲んでいると、「さ、あとはそれぞれの部屋に帰って寝るだけだ〜」なんて気分になってくるから楽しいです。

こういった飲める銭湯は、実は探せばけっこう存在するもの。ご近所にいながらにして旅気分が味わえる、まさに大衆のための天国と言えるでしょう。

24時間営業酒場の激選区なら早朝ハシゴ酒も可能

池袋「若大将 まつしま」

池袋の北から西口にかけての繁華街に、なぜか24時間営業の酒場が充実しています。しかも、どこの街でも見かけるような大手資本のチェーン店ではなく、個人経営や、ごく小規模なグループ店ばかり。雑多な職業、人種が集まる街の特色がそうさせるのか、酒飲みにとっては天国のような、はたまた地獄のような、とにかく刺激的なエリアであることは間違いありません。

代表格は北口目の前の「居酒屋 大都会」でしょうね。食券制で、誰にも把握しきれない無数のサービスセットが存在し、タイムサービスのチューハイがなんと120円という、インパクト絶大なお店。しかもそのサービスタイムが午前10時〜18時まで。「お客さんたち、普通に午前中から飲むもんね?」っていう攻めた設定。界隈の酒飲みからは「池袋の終着駅」と呼ばれており、大都会の名物「たぬきそば」でその日の飲みを締めるのは、もはや常識とすらいえます。しかもそのたぬきそばが200円ってんだからまたすごい。

「帆立屋 池袋ときわ店」は、旬の食材を使った日替わり料理に、豊富な品揃えを誇る地酒を合わせることだってできる、ここらの24時間酒場の中では一番の正統派。朝の5時から貝刺しに冷酒なんてやってみてごらんなさいよ。真の世捨て人の気分が味わえますから。

他にも、100円、300円、500円、3種類のメニューを武器に近年勢力を増してきた「135（いさご）酒場」グループ。商業ビル「ロサ会館」1階にあって、気軽に飲める焼きそば屋「一鳴」。池袋の北口は一部がリトルチャイナタウン化しているという特色もあり、その中に24時間営業でバリバリ飲める中華料理屋も多数。

それから、ここに関しては、好きでよく行っている僕ですら「気軽に観光気分で立ち寄ることはおすすめできない」というスタンスをとらざるをえない、「池袋で最も危険な角打ち」と呼ばれる「某店」も、週末には24時間営業をしていたりします。いや、実際に行ってみれば、お店の方たちはアットホームだし、常連さんたちもみな親切なんですが、いかんせん雰囲気がディープすぎるんですよね。だって、どう見たってツワモノ揃いの酒の先輩方が並んで楽しそうに飲んでいる後ろの壁に、堂々と「店内での飲食はお断りします」って貼ってあるんすもん……。

このように豊富な池袋24時間営業酒場シーン。中でも僕が特によく通っているのが「若大将まつしま」というお店。ここが、雰囲気良し、味良し、値段良しの、非常〜にバランスの良い名店なんですよね。

最大の特徴はそのシステムで、24時間営業というだけでも珍しいのに、なんと「全品335円均一」！

外観はかなり年季の入った風合いで、慣れない方には多少緊張感もあるでしょうが、思い切って扉を開けてみてください。優しい女将さんと、紳士淑女な常連さんたちの雰囲気に、ほっと心安らぐはずですので。

さてさて、ではせっかくなので、たまには有休でもとって、まだ日の高いうちから、なんなら早朝から、非日常を味わう飲みをスタート！

入り口を入ると左が調理場とカウンター、右側の壁沿いにもカウンター席が設置されていて、奥にはさらにもうひとつ、最大で20人くらいは入れるんじゃないかっていうスペースがあります。外観から想像するよりも広々としてますね。

酒場っ子メモ　そもそも池袋を代表する老舗大衆酒場「ふくろ」の開店が朝の８時というところを見ても、かなり狂った街だと言わざるをえません。

お酒は生ビール、サワー、日本酒、焼酎、ワインなど一通りが揃い、料理も、お新香や枝豆なんかの軽いものから、刺身系、揚げ物系、一品料理系と幅広く、まさに「ザ・大衆酒場」といったラインナップ。そして、店員さんたちの腕が確かなんでしょうね。何を頼んでもしっかりと手の込んだ品々がやってきます。

とはいえ、せっかく全品335円のお店、なるべく満足できる注文をしたいし、そんなゲーム性を楽しみながら飲むのもまた愉快。

僕のおすすめは、例えば「コンビフライ」。揚げたて、サックサクのアジフライとイカフライの2種がお皿にたっぷりとのって、脇を生野菜やレモン、マヨネーズが固め、初めて見る方はきっと驚くボリューム。もしかしたら「これ、相盛りで、倍の670円なんでしょ?」って思うかもしれませんが、正真正銘、これで335円。ドボドボッとソースをかけてほおばれば、飲酒スタンバイは完了。

揚げ物にはやはり「生ビール」、これを一気に飲み干して「チューハイ」あたりがスタンダードなルートでしょうか。値段は激安ですが、お酒もこれまたビッグサイズで、特にサワー系のジョッキはすごい。生まれつき病弱でお屋敷へこもりがちに育ったお嬢様などには、持ち上げることも困難なレベルです。そもそもそういったお嬢様がこの店に来るか？　という根本的な疑問はさておき。

それから、「ピザ・ハーフ」なんかも好きですね。サラミやマッシュルームがのった、昔ながらの喫茶店を思い出すようなピザ。これにタバスコをたっぷりかけて、チューハイをさらにゴクゴク。

ふと外を見れば、キラキラとした日差しをバックに、忙しそうに行き交う人々のシルエット。なんだろうなぁこの幸せは。よくよく考えれば何も贅沢はしていない。だけどその場にいると、これ以上幸せなことなんてないんじゃないかと思える。とりあえず、日本に大衆酒場という文化があって、本当に良かったっすね……。

ところで、お店の壁の何箇所かには「1　335」から「60　20100」までずらりと数字が並んだ一覧表のようなものが貼ってあります。これ、要するに、自分が何品頼んだら、合計いくらになるかっていう「価格早見表」。そうそう、これさえあれば、「あれ？　今ってどのくらい飲んでるのかな？　確か頼んだのが47品だから……お、157445円か！」って、いつでも確認ができて大変便利ですね。

突然ですが僕、酒場におけるつまみの王道ともいえる「もつ煮込み」をそんなに積極的に頼むほうではないんです。

これまた界隈に波紋を呼びそうな発言ですが、煮込みって、お店によって素材や味つけに幅がありすぎて、「絶対にこういうものが出てくる」と予想しきれないじゃないですか。予想できない楽しさってのはもちろんあると思うんですが、もつ自体の臭みが抜けきっていなかったりして、「あ、ちょっとここの、苦手系かも……」って思ってしまうようなことも珍しくなく。となると、断然好きな「肉豆腐」のほうを頼みがちになりますよね。

いやもちろん、「今日は煮込みの気分だな……」なんて時には、注文することやぶさかでなしなんですよ。面倒な男ですみませんね。

でね、何が言いたいかというと、ここ、まつしまの煮込みが、最高なんです！

僕が、全国に数あるうまい煮込みの中でもパッと思いつくのはここ。

特徴としては、「あっさりしてるんだけどパンチもある」って感じでしょうか。ちょっとした鍋サイズの器に、約半丁の豆腐がドーン！　周囲にはもつがゴロゴロ。臭みなど一切ありません。たっぷりと注がれたスープは、一般的な煮込みのイメージからは遠く、透明に澄んでいます。

カツオダシと塩ベースの上品な味わいなんですが、そこにけっこうたっぷりめにニンニクが効いて、これが絶妙なインパクトを加えているんですよね。煮込みでもあり、極上のスープでもあるというか。もちろん毎度、最後の一滴まで残さず飲み干します。

常連さんの中には、「ちょっと風邪気味かな?」と感じるところの煮込みに別でオーダーしたキムチをドサッと入れ、キムチ鍋風にしたものをかっこんで帰っていかれる方もいるそうで、確かにそりゃあ効くだろうなぁ。

ひとりで行くなら、お酒2杯と、料理1品か2品でかなりの満足感を得られるお店。しかも酔っぱらいにも優しい明朗会計。「えっと、今日は4品頼んで、ひとつ335円だから……」あぁ、壁の価格早見表、やっぱり便利だわ。

酒場探索で一番嬉しいパターン

笹塚「井口」

酒場に限らず、飲食店の感想って、かなり乱暴ですが次の2×2＝4通りに分けられると思うんですよ。

「期待して入った」or「期待しないで入った」×「良かった」or「ダメだった」

「期待」の要因は、お店外観の訴求力であったり、昨今はネットなどで下調べした情報であったり。「良い」「悪い」の基準は、雰囲気、人、味、値段、などなど、人によって無数にあると思いますが。この公式から導き出される4通りの結果を最高↓最低の順番に並べていくと、

「期待しないで入った」ら「良かった」↓「期待して入った」ら「良かった」↓「期待しないで入った」ら「ダメだった」↓「期待して入った」ら「ダメだった」

僕の場合はこうなります。上のふたつがひっくり返る方なんかはいると思いますけど、大体こ

んな感じじゃないですか？

これまでにお酒を飲んできた無数のお店の中で、この最上級「期待しないで入ったら良かった」の最たる例としてパッと思い浮かぶのが、笹塚にある焼鳥屋「井口」。

ある日の夕方、ちょっと早い時間にひと仕事終え、次の予定まで2時間ほどの空きができたことがありました。このあと行くのは下北沢。「よし、ちょっと知らない街でもフラフラしつつ、軽く飲める店でも探そ〜！」っと、スマホで下北沢を中心に地図を表示し、そこから歩けそうな範囲で降りたことない駅を探してみました。

なんとなく選んでみたのが「笹塚」。

京王線で新宿からたったの3駅なんですが、今までの人生で一度も降りたことないような気がします。東京ってこんな駅がゴロゴロあって、街好きとしては本当に飽きないですよね。

さっそく笹塚に到着し、駅の周りをウロウロ。うん、やっぱり初めて来る街だ。北側の「10号通り商店街」から逆側の「観音通り」へ。知らない街の商店街を歩くのは、やっぱり最高のエンターテイメントだな〜。

酒場っ子メモ　期待して入ったのにそのハードルを軽々と超えてくる店ってのもありますね。立石の「宇ち多゛」や、十条の「埼玉屋」なんか、理解の範疇を超えたうまさ。

そのままじわじわと下北沢へ向かって歩みを進めると、徐々にお店もまばらになり、心細～い街並になってきました。「あれ？　ヤバイかな？　とてもこの先にお店があるとは……」と思い始めたところに、予想外の出会いがあったんですよね。

もはや商店など一切ない住宅街の中、何やらお店のような明かりを見つけました。近づいてみると、紺地に白抜きで「やきとりや　井口」の文字。焼鳥屋さんのようです。

外観からはそれ以上の情報は読みとれないのですが、まったくガチャガチャしてないその佇まいがとても好きな感じ。前情報はまったくないけど、ここを逃せばどう考えても、下北沢駅周辺に入るまで飲み屋などないでしょう。何より、僕の中のモードが完全にここ以外なくなっちゃってる。よし、入ってみよう。

店内は、十数席のカウンターと、奥にいくつかテーブルのある座敷というシンプルな構成。時間が早いこともあり、お客は僕ひとりです。

メニューをささっと流し見、とりあえずで「あっさりキャベツ」と「ホッピーセット」を注文。ずんぐりむっくりしたジョッキが可愛いホッピーセットは５７０円。おかわりのナカがあらかじめ別コップでついてくるタイプで、きっちり2杯ぶん飲めそうです。

「あっさりキャベツ」は超お手頃な200円ながら、これがうまい！　ゴマ油×塩という最強の組み合わせがベースで、そこに、若干の酸味と爽快な風味を感じます。レモン？　焼鳥の合間の口直しに最高だなぁ、なんて思いながらも、何も来てないうちからバリバリ食べちゃいました。

それをつまみながら、あらためて壁に掲げられたメニューを吟味。どうやら限定品らしい「白レバ焼（380円）」というのがあるので、これからいってみることにします。しばらくすると、小皿に2本の串焼きが「ハイ、あと1本もすぐ焼けますからね～」という言葉とともにやってきました。

ぼんやりと、お皿にゴロゴロッと焼かれたレバーが出てくるようなものを想像してたので、一瞬「あれ、串なんて頼んでたっけ？」とは思いつつも、お客は自分ひとりゆえ、間違いってこともないだろうと、ひとまずかじってみます。

……ん？　う、うまい！　大げさではなくこの時、脳天を打ち抜かれたような衝撃を受けてしまいました。脳が急にフル回転しだし、フツフツと血液が熱くなってくるのを感じます。

これ、間違いなくさっき頼んだ白レバーですね。まずレバーを串に刺し、周囲に隙間なく薄～い豚バラ肉が巻きつけてあります。ものすごく手が込んでいる。普通の串と比べて焼き加減だって難しいだろうに、若干レア目に、全体に均一に火が通っていながらも、表面には適度な焦げ目。これが奇跡の美味を生み出してまして、プツンッとソーセージのような歯ごたえのあとに広がるのは、豚肉の香ばしさとジューシーさ。時間差でまったりとした白レバーの舌触りが口の中にとろけだし、またこのレバーのクセなく上品なこと！　2種類の肉の味が交錯《こうさく》し、食感の違いが相乗効果を生み、完全に未体験の美味……。

届いた2本をあっという間に食べ終えてしまったところで、追加の1本も到着。3本が基本なんですね。これで380円は驚き！

基本の焼鳥、「ハツ」「タン」「レバ」「カシラ」「ナンコツ」「シロ」が90円。「トリ」「トリカワ」「ネギマ」「スナギモ」「ツクネ」が100円。安いな！

俄然期待値が高まった中、串も何本かお願いしてみましょう。

「シロ」「カシラ」「ナンコツ」を。シロもナンコツも丁寧な下処理で、臭みなど皆無。塩加減もタレの味も絶妙。

さらに特筆すべきはカシラ！　大好きな部位ですから「うまい、うまい」と食べていたら、途中で急に食感が変わった……？　油断してましたね～。よく見ると、串の中にひとつだけ、質感の違う肉が混ざっています。トントロっぽいような、カシラの串だからカシラアブラなのかな？　食べていくうちに味わいが、サッパリ↓ジューシー↓サッパリと、段階的に変わるしかけになっています。これが口の中で混ざってしまうわけで、そりゃーうまいよなぁと。いやぁ、重ね重ね、めちゃくちゃエンターテイメント性高いお店！

少し時間を置いて、頼んでいた「ツクネ」も到着。ちょっとシュウマイや肉まんっぽいような、中華風のテイストを感じる、焼鳥屋のつくねには珍しいタイプで、これまたおもしろい。

あまりに美味しい焼鳥にお酒も進み、ウーロンハイ、芋焼酎とおかわり。常連さんもチラホラとやってき始めましたし、次の予定もあるので、今日はそ

ろそろお会計にしましょうか。

それ以来、井口は大好きな店となり、そのあとも何度か足を運びましたが、初回訪問時だけの特典「期待しないで」が「期待して」に変わってしまっても、やっぱり確実に満足させてくれるお店なのでした。

定食屋飲みの最高峰

成増「やまだや」

特に予定のない休日は、散歩がてら、しばらくぶんの食料や日用品の買い出しに行くことが多いです。

たいがい地元の石神井公園、大泉学園あたりになるのですが、「1本バスに乗る」という選択肢を加えると範囲がぐっと広がり、西武新宿線の武蔵関、上石神井、上井草、さらには中央線の吉祥寺、西荻窪、荻窪、阿佐ケ谷なんかまでが候補に入ってきます。あくまで、自分の住む街の話ですが。

先日、なんとな~く気分を変えてみたくて目的地に選んだのが、成増。ここもまた、バス1本で行けてしまう、東武東上線の駅。

よく晴れた日曜の昼下がり、成増。

目的はもちろん買い出しですが、こういう状況で僕のような男が、平静を装いつつも俄然機会を窺ってしまうものといえば、「昼酒」のチャンスですよね。「あ、そういえば今日はまだお昼ご飯も食べてないし（言いわけ）、あわよくば軽く飲めるお店はないかな～」っつって。

ただし成増、お店も多いし、たくさんの人でにぎわってはいるけど、別に酒飲み御用達の街というわけではなく、昼からポコポコ居酒屋が開いているわけではありません。

じゃあどこで飲むか？　こういう時に頼りになるのは、「昔ながらの定食屋」でしょう！

というわけで、街をぶらぶらと歩きながら定食屋さんを探してみます。すると、なんとま～！　おあつらえ向きのお店がすぐに見つかりましたよ！　南口の商店街「スキップ村」の中ほどに、「やまだや」という。

どうでもいいけど、商店街の名前に「スキップ通り」じゃなくて「村」ってつけるセンス、かなり尖ってますね。好きです。

さて、外の看板にはおすすめの定食類しか載ってませんが、きっとビールくらいはあるだろう。「とん汁定食」「納豆定食」なんて渋すぎるメニューがあるのもたまらない。いつもならドキッと

酒場っ子メモ　良さげな個人経営の定食屋や中華屋も見つからなかった場合の救世主といえば「サイゼリヤ」と「日高屋」。人生で何度救われたことか。

してしまう「酒酔い及び泥酔者の入店をお断り致します」の注意書きも、今日はまだ飲んでないのでうしろめたいことはありません。よし、ここにおじゃましてみようっと。

店内へ入ると、そこには期待通り、昭和的正しき定食屋空間が広がっていました。が、どこもかしこもピカピカに掃除がゆきとどいていて、なんだか「空気がうまい！」とすら感じてしまう快適さ。

茶色の壁にはずらりとならんだ短冊メニュー。これですよね。あるのは煮込みと酒、それだけ。なんて渋い酒場も大好きですが、やっぱり定食屋さんには、この膨大なメニューで悩ませてほしい。まずは瓶ビールかなんかを頼んで、ひと通り把握するだけでも時間のかかる短冊を吟味し、今日の昼飲みをいかにして充実させるかという「脳内作戦会議」をじっくりと楽しみたい。

オーソドックスに定食を頼んでつまみにするのか、単品やサイドメニューのみで組み立てるか。待てよ、日替わりやセットメニューの中に、盲点ともいえるお得なつまみが潜んでいる可能性も……。ええ、頼まれれば何時間だって悩みますよ。

それにしても、「すきやき定食」「サーモンフライ定食」「照焼チキン定食」「とん汁定食」「コロッケカレー」などなど、数えきれない魅惑の定食メニューに加えて、酒のつまみになりそうな単品もめちゃくちゃ充実してますね。

定番の「ハムエッグ」や「湯豆腐」などはもちろん、「タラチリ鍋」「鳥水炊き」「鴨鍋」なんてのもあります。さらに厨房前のガラスケースには、刺身や惣菜類がお皿に盛られて整然と並び、お酒も種類豊富。「梅」「レモン」「グレープフルーツ」と揃ったサワーは、中・450円の他に、小・310円というのもあって、きめ細かいホスピタリティに感激。

まずはビールの大瓶と「もつ煮込」を注文。定食屋ということもあり、あえての酒場っぽい組み合わせでスタートしてみました。

ビールは「スーパードライ」。ゴクゴクと喉で味わいたい派の僕にとって、この爽快なキレは、昼下がりの一杯目にぴったり。

そこにもつ煮がやってくるわけですが、これがいい！　しっかりと旨味と食べごたえを残しつつ臭みをとり除いたもつがたっぷりで、「もつ煮慎重派」の僕でも手放しに賞賛したい美味しさです。それでいて、380円というお手頃価格。メニューには「もつ煮込定食」もあって、そちらは650円。なるほどね、それもいい。これ、絶対白いご飯にも合うもつ煮だ。けど、ここはやっぱりビール！　濃厚でコク深い煮込みの余韻とビールの刺激。昼下がりの、まだ少し寝ぼけた身体に心地良すぎます。

やまだやへの信頼度、もはやこの時点で120%。というわけで勢いに乗り、僕が定食屋のメニューにあればかなりの高確率で頼んでしまう、「カツ煮」で一気にフルスロットルといきましょう！

カツ煮って、なんなんでしょうね。ご飯のおかずとしても、酒のつまみとしても、ちょっとポテンシャル高すぎません!?

やってきたのは、熱々トロトロ。荒々しい土鍋の器がごちそう感を3割増しにした、熱狂のひと皿。玉子をまとった厚みのあるカツを一切れほおばると、まだほんの少しだけ残る「サクッ」食感のあとに、ジュワ～ッと、豚肉とダシの旨味が広がります。そこにビールを迎える！　いくら休日だからって、昼間っからこんなに幸せでいいんでしょうか。

ガラスケースの小皿料理の中から「ゲソヌタ」を追加しましょう。ゲソもまた、なんでこうも優秀か。醤油ダレでこんがり焼けば誰もが抗いようのないほどの芳香を発し、ゆでてワサビを添えただけで、僕の中では鯛の刺身とだって互角に勝負できるほどの逸品に早変わり。

「ヌタ」ってのがまたオツじゃないですか。となるとここは、「冷酒 初孫」かな！

てな具合に、あまりにも充実の時間をすごさせてもらい、調子に乗ってだいぶ飲みすぎた昼下がりとなりました。

もつ鍋ってこんなにうまいもんだったんだ！

池袋「もつ鍋帝王　ふるさと」

僕、夏が大好きで、自分が住む、日本の関東地方における夏を「5～10月」と勝手に定義し、去りゆく季節の余韻にギリギリまでしがみつくタイプなんですね。それでも11月に入り、いやでも秋の気配を感じ始めると、気持ちを切り替えざるをえません。

そんな時、精神的支えになるのが「そういえばこれからの季節、鍋がうまいんだよなぁ」という希望。それを考えると俄然ワクワクしてきて、「は、そうだった！　鍋以外にも、おでん、寒ブリ、牡蠣、熱燗、焼酎お湯割、コタツで雪見酒……秋冬だって楽しいことはいっぱいあるじゃん！」と、やっと移ろいゆく季節を受け入れることができるという、相も変わらず面倒な男なんです。

で、鍋。

さまざまな具材から旨味を抽出し、それらが凝縮されたスープを再度、具材にフィードバックさせる、食の大発明。幸せな食卓の象徴的なイメージもあって、嫌いという方はあまりいなんじゃないでしょうか。

とりわけ締めのおじやは最高で、僕は人から「この世で一番好きな食べ物は?」と問われれば、「カレー! なんだけど、鍋のあとのおじやも捨てがたいんですよねぇ……」と、歯切れの悪い返答しかできないような、そんな男なんです。

そんな鍋料理の中でも、どちらかといいえば異端に属するイメージの「もつ鍋」。うわ、お怒りの博多っ子のみなさますみません! 僕、このお店に出会った20代後半くらいまで、意識して食べたことなかったんですよ。いや、意識してというか、たぶん食べたことがなかった。

もつ鍋に関する手持ちの情報といえば、90年代に「ヘルシー」と大流行し、数えきれないほどの専門店ができてほとんど潰れたってくらい。なので僕の中のバブルのイメージって、ジュリアナ=ボディコン=もつ鍋って感じだったんですよね。当時は子供心に「きらびやかでゴージャスでアーバンな生活を謳歌する大人たちも、夜は自らの健康の為、本当の肉も入っていない、臓物と野菜だけの鍋をむさぼり食うんだな……」と、なんとなく下品なイメージでもって捉え、ゆえにあまり美味しそうと感じたこともありませんでした。いや、博多っ子のみなさん、落ち着いて

ください って!

それがですよ、自分も大人になり、酒の味を覚え、幅広い酒の肴の滋味にも少しずつ触れだすと、「そういえばもつ鍋っていうあれ、一度食ってみたいな」と思うようになるもんですね。

池袋で働くようになってすぐ、「もつ鍋帝王 ふるさと」の存在には気づきました。JR池袋駅の東口を出てすぐのところに、ずいぶんと歴史の古そうな、それでいて、黄色地に黒文字の超目立つ看板を出しているお店なので、否が応でも気になるんですよね。

さっそく突入しましたよ。以来、寒くなってくる度「あ〜、そろそろもつ鍋が食べたいな」と感じられる喜びが、僕の人生に加わったんです!

ふるさとは、池袋の東口に2店、西口に1店。僕がよく行く本店は40年以上の歴史があるらしく、扉を開けると、その渋すぎる空気に圧倒されます。大木からそのまま切り出したような不揃いのテーブルには全席コンロがセットされており、東京の酒場とはどこか造りや雰囲気が違っていて、それが本場博多のもつ鍋屋さんにやって来たかのような錯覚を味わわせてくれ、楽しい。

着席するや、店員さんから発せられる言葉は「何人前ですか?」。もちろん「もつ鍋を」です。鍋は1人前1500円。たっぷりの牛もつ、キャベツ、ニラ、ニンニクに加え、締めの麺までついてくるんだからかなりお得。

いよいよもつ鍋とのご対面。初めての方はまず、見た目の美しさに驚くに違いないでしょう。各種具材の上にニラをぐるりと敷き詰めた威容はまるで富士山。これを見ると「あぁ、もう少しでふるさとのもつ鍋が食べられるんだ……ここ」と、期待が最高潮に達します。

スープは醤油ベースで、牛ガラ、昆布、各種野菜などから数時間をかけてダシをとっているそう。これでグツグツと具材を煮込むこと数分。全体がクタッとし、当初の富士山が見る影もなくなったら食べ始めましょう。

煮込めば煮込むほど具材からどんどんダシが出て、放物線的なカーブを描きながら失速することもなく、最後まで一直線にうまくなり続けるのが不思議。ぷりぷりとジューシーなもつはもちろんのこと、濃厚な旨味と脂を吸い、とろりと甘味の極まったキャベツ、これがたまらない！単品で具材の追加もできますので、あとはもう、本能のままにむさぼるのみです。

ただし！　あまりの美味しさに我を忘れたりせず、腹八分目で止めておいてください！　ほら、我々にはまだ、「締め」が残されているじゃないですか。冒頭で「鍋の締めのおじやこそ至高」的なことを言った覚えがありますが、ここのもつ鍋にはどうしたって、中華麺なんですよねぇ。

すっかり具をさらって黄金に輝くスープと、もっちりとした麺のハーモニー。全国のラーメン屋さんから白い目で見られようとかまわない。ふるさとの締めの麺こそ、この世で一番美味しいラーメンだ！　と、食べている間だけは確信できる、中毒性のあるうまさです。

そりゃあ、いくらボディコンと扇子で武装して華やかな生活を送っていようとも、「健康にいい」という大義名分のもと、ガツガツとむさぼりたくなりますわなぁ。

最後に、ふるさとには敵わないけど、じゅうぶん美味しい、我が家のもつ鍋レシピをご紹介。

まずは新鮮そうな牛もつを入手してください。部位は「マルチョウ」が良いでしょう。鍋に沸かしたお湯の中に、このもつと、たっぷりのキャベツ、ニラ、ニンニク、唐辛子を投入します。ふるさとのように美しい富士山盛りは真似が不可能なのと、結局最後はクタクタになってしまうので、いいかげんでけっこう。
ここに味つけをするわけですが、なんと「めんつゆ」のみでＯＫ！　好みの味加減になるまで少しずつ入れたら、もう完成です。締めはもちろん、中華麺推奨。

酒場っ子メモ　さらに最近、家でよくやるのが、勝手に開発した「無水もつ鍋」。フライパンに油を引かずに牛もつ、ニンニク、唐辛子を炒め、出てきた脂を吸わせるようにニラとキャベツを炒めて、めんつゆで味を整えるだけ。もはやぜんぜん「鍋」じゃないけど……。

飲める場所の可能性を追求する楽しみ

東大前「東京大学　銀杏メトロ食堂」

絶対にお酒を飲んじゃダメな場所ってありますよね。「会社」や「病院」、「市役所」なんかでも赤い顔してたらすぐにつまみ出されそうです。

それから、学校。

「酒」と「学校」、まさに水と油。

ですが、小中高は問題外として、大学ともなると、お酒を出している学食も珍しくなかったりします。これ、ちょっと盲点じゃないっすか？

というわけで今回は、大学の中でも問答無用の知名度を誇る「東京大学」に潜入してみましょう。

実は以前、母が東大の敷地内にある「東大病院」に入院したことがありまして、いや、命に関わる重大な病気とかではないし、心配はご無用なんですが、とにかくお見舞いやらなんやらで何度か東大に足を運んだんですよね。そんなことでもないと、頭の良くない自分とは最も縁遠い場所、近づこうとも思わないですから。

それで知ったんですが、東大ってあそこ、もう、誰でも入れるんですね。敷地内に歴史的な建造物もあちこちに建っているので、修学旅行生や、観光で日本にやってきた外国人グループもうろうろしてるくらいですから。

東京大学本部は、南北線の「東大前」、丸ノ内線の「本郷三丁目」などが最寄り駅。これらの駅を降りて大学に近づくにつれ、学生街特有の、独特な街並が広がりだします。正面にまでたどり着くと、威圧的ともいえる迫力で鎮座しているのが、ご存知「赤門」。「はい、ひとりであそこくぐってきて～」って、急に言われたら、誰だって躊躇しますよね？　でもご安心ください。どんなに偏差値が低かろうとビーッと警報が鳴ってただちに警備員にとり囲まれたりはしないので。

いざ中に入ると、まずはその広さに驚かされます。だって、なんと東京ドーム約12個分！　コンビニもあればカフェもあれば図書館もあって、車やバイクや自転車が走ってて、犬の散歩をしてる人なんかもいる。もはや街、タウンです。

東大抗争の舞台となった「安田講堂」をはじめ、散歩しているだけでいろいろな建物や景色が見られて飽きないし、この箱庭感にはかなりグッとくるものがありますね。

そんな広大な敷地なので、学食、レストランが合わせて15個。サブウェイやスタバ、ドトールなどのカフェ系がそれとは別に7個。なんと、合計22もの飲食施設があるんです！　想像以上じゃないですか？

数ある学食の、数ある料理の中でも、最も有名なのが、「東大生協 中央食堂」の「赤門ラーメン」ということになります。

中央食堂は安田講堂の地下に位置し、巨大な吹き抜けフロアが圧巻のマンモス学食。そこの名物料理が「赤門」にちなんだ真っ赤なラーメン、「赤門ラーメン」。

鶏そぼろと数種類の野菜で麻婆風のあんを作り、ゆでた麺の上に直接かけたドロドロ系。甘くてコクのあるあんはかなりの粘度で、麺を持ち上げるのもひと苦労なんですが、シャキシャキとしたモヤシの食感がアクセントになって、個人的には大好きな味です。カウンターにはこのラーメン用にバットに入った大量の韓国唐辛子が置かれていて、これをお好みでドサドサと。韓国唐辛子なので、旨味だけで辛味はさほどでもなく、全体的に辛さは見た目ほどでもないっていうか、むしろ全然辛くない。まぁ、僕は辛味に対してはかなり舌がバカになってるので、あまり信用しないでほしいんですが。

かなりのボリュームだと聞いていたので、390円のスタンダードではなくて330円のハーフにしてみましたが、それでも30代男の一食としては申し分ない量でした。

あ、ここまでは本題じゃありません。

僕が東大で訪れたことのある学食はもうひとつありまして、それが「銀杏メトロ食堂」。中央食堂よりは若干規模が小さく、ちょっとレトロな雰囲気の残る、味わい深い食堂です。

少々すすけた外看板には「ビール・サワー　おつまみ　お座敷アリ〼」と。うんうん。とっとと入りましょう！

メニューはうどん、そば、定食などが中心の、正しき学食スタイル。

目安にラーメン系を見てみましょうか。「しょうゆラーメン」「コーン味噌ラーメン」が350円。「シンプルラーメン」ってのは具が減るのかな？　なんと230円！　それから、「牛骨スープラーメン」（400円）や、「Wスープ醤油ラーメン」（410円）なんて、少々こまっしゃくれたメニューもあります。

「本郷セット」「ベジセット」「銀杏セット」「並木セット」などなど、日替りのセットが8種類もあって、これは毎日通う学生さんたちにもありがたいんじゃないでしょうか。

そして見逃せないのが、副菜コーナー。「野菜コロッケ」「冷奴」「ほうれん草のおひたし」「おくらおかか和え」「とろろ」「かぼちゃの煮物」などの小鉢がずらりと並び、今挙げたものすべて60円。プロデュースされた方に「ノーベル学食賞」を差し上げたい。

他にもちょっといい一品料理として、揚げ餃子、フライドポテト、チキン唐揚げなどなど、とにかくメニューはかなり豊富。おつまみに事欠くことはなさそうです。

気になるお酒類ですが、ビールの大瓶が410円。これ、大瓶激安戦争が巻き起こっている大阪の大衆酒場にも肉薄する安さですね。生ビールは320円。嬉しいのは、缶ビールや発泡酒、缶チューハイなどの缶もの。缶チューハイが

200円で、もう言うことないっす。

こんなところに酒飲みのパラダイスがあったとは、完全に盲点でしたね。

ではいよいよ、禁断の「校内飲み」を始めましょう。

壁に沿った小上がりの座敷はなんと畳敷きで、フロアではなくて壁のほうを向いて座ってみると、そこは完全に居酒屋。不思議な居心地の良さです。

せっかくなので、究極にしみったれた方針でいこうと、発泡酒（170円）からスタート。銘柄は「淡麗」。これをプラコップに移し替え、グビリと一口。うん、うまい。

つまみは、揚げ出し豆腐（90円）に、五目ひじき（60円）をチビチビと。あぁ、なんだか、昼間でも日の当たらないアパートで貧乏生活をしていた学生時代を思い出して涙が出てくるような味わいだなぁ……。まぁ、そんな生活したことないんですが。

さらにこういうところにくるとどうしても頼みがちになってしまうのが「カツカレー」。つまみがわりなので（S）にしてみたんですが、そこらの定食屋さんの平均量くらいのボリュームで、なんと370円ですよ。

学食らしい黄色いカレーながら、きちんとスパイスの風味も感じ、僕の大好きな「もったり感」

もかなり高く、大好きな味。カツも分厚くはないもののケチケチしたサイズではなく、たっぷりとカツとカレーのハーモニーが楽しめました。

若干具の寂しい味噌汁もつくんですが、これはこれで、すすればつまみになる。

あっというまに発泡酒を飲み干して、缶チューハイを追加。銘柄は「氷結」で、レモンかグレープフルーツを選ぶことができました。

これらをゆっくりといただき、少々ほろ酔いになったところでごちそうさま。今度は何人かで来て宴会でもしてみたいところですが、あまり派手にやって学生さんたちの迷惑になってもなんなんで、節度を持って、「おじゃましてます」って気持ちで楽しむのが良いでしょう。

おっと、帰りには食器を分別して返却するのを忘れずに！

酒場っ子メモ　学食、めちゃくちゃ興味のある分野なんですが、関係者でもないのにずかずかと入っていくのは気が引けて……。「学食飲み」に詳しい方、ぜひご教授ください！

創業130年、馬肉専門の大衆酒場

町田「柿島屋」

妻の実家が近いという理由で、町田に行く機会が増えました。

町田は、東京の多摩地区を代表する大きな都市。繁華街の範囲も広く、古い味わいを感じさせる酒場も点在していて、散策しているだけでも楽しい街です。どこか猥雑なゲットー感があり、個人的になじみのある池袋なんかともけっこう似た空気感。

町田へ行くとなったら、毎度「今回はあの店に寄れるタイミングはあるかな？」と考えてしまうのが、「柿島屋《かきじまや》」。いやむしろ、ここに行くためだけに町田へ足を運んだ回数だって一度や二度じゃありません。

大変歴史の古いお店で、創業はなんと明治時代。そんな柿島屋の最大の特徴、それは「馬肉料理専門店」であるというところです。

と聞くと、「ちょっと敷居が高そう」って思いますよね？　大丈夫。柿島屋は、平日なら16時から、土日祝日はなんと昼の12時から、年季の入った酒飲みの先輩方が、ストレートの焼酎にブドウ味のエキスをたらした、３００円の「ブドウ割」なんかでごきげんに酔っぱらっている、正真正銘の大衆酒場なので。

なんでも昔、八王子と横浜をつなぐ「鎌倉街道」の中間地点に位置するこの地で、運搬などの仕事に耐えきれずに力つきてしまったお馬さんを食べちゃってみたところ、美味しかった。というのがこちらの馬肉食の発祥由来らしく、そう聞くとなんともかわいそうなエピソード。柿島屋はその頃から「馬喰《ばくろう》」、いわゆる、馬を飼育して運搬や仲買をする商人だったそうで、それから１３０年、馬一筋！　というわけなんです。

現在は大きなマンションの1階フロアを使って営業されており、ホールのような広い店内は圧巻。そこに、長〜いテーブルが数列並び、等間隔で椅子が置かれています。ハンガーかけが馬と蹄鉄を模してあったり、細部のこだわりにも歴史を感じます。

おもしろいのはその奥で、小上がりになって立派な仕切りがついた、ちょっとした個室が数卓。ここ「上席」と呼ばれ、柿島屋の「馬刺し」や「肉なべ」といった名物料理には上と並があるんですが、「上席では上しか頼めない」というルールがあります。まさに、選ばれた者のみが座れるエリート席！　といってもまぁ、それぞれの上と並、４００円ずつしか違わないので、何人かで行く場合はこちらがおすすめですが。

今日は一般席のほうで、常連さんたちと肩を並べて飲ませていただくことにしましょう。

柿島屋には、珍しい馬肉料理がたくさんで、来るたびに「どれにしよう？」と迷ってしまいますが、毎度必ず頼むのは、まず「メンチ」。一見どこにでもあるメンチカツですが、言うまでもなく「馬」です。馬肉って、ヘルシーでありながらも「肉でございます！」って感じの旨味の主張が濃厚で、鶏豚牛とはまた違った特別感がありますよね。それをサクサクの衣で閉じ込めちゃったんだからもうね……。

それから、間違いなく「馬刺し」。並が９００円で上が１３００円。

僕が柿島屋に通うようになって数年間は、並しか頼んだことがありませんでした。というのも、その美味しさで大満足だったから。肉はきれい～な赤身なんですが、口の中でさらりとほどけて、馬特有の旨味をとろりと感じさせたあとにスッと消えてゆく、なんとも粋な味なんです。ここで「柿島屋の馬刺しは並でじゅうぶん！」と、通ぶって決めつけてしまったのが僕の浅はかなところ。

何度目かの訪問で、その時一緒に行った友達のひとりが「せっかくだし上にしようよ！」と言ってくれたんですね。そこではたと気づかされた。「そうだ、たかが400円、割り勘にしたら100円くらいの差、なんで今まで、一度くらい試してみなかったんだろう」と。やってきた上馬刺しをいただいて、衝撃を受けましたね。あの美味しい美味しい並馬刺しの上をゆく、なめらかな肉質と凝縮された旨味。これ、もうどっちが上だ下だじゃなくて、まったく別物として、気分で頼み分けたほうがいいメニューだったということを学ばせてもらいました。

お酒は、「梅割」「ブドウ割」を飲まれている方が圧倒的に多いです。

僕はここのブドウ割が大好き。受け皿にのったグラスに、ガラスのとっくりに入った焼酎、そして、ワンカップの空き瓶的なコップの底に薄くブドウ味のシロップという構成で出てきます。まずグラスに焼酎を注ぎ、ザ・ブドウ味！　といった感じのシロップをたらすんですが、これがちょうどグラスから溢れるか溢れないかっていう絶妙な量。はっきり言ってほとんど焼酎ストレート。だけどこの薄〜いピンク色の液体が、スイスイ飲めちゃって危険なんですよねぇ。

さて、そろそろメインにいきますか。柿島屋に来たら、これまで頼んできたものはもちろんなんですが、それ以上に「肉なべ」は絶対外せません！　並が1300円、上が1700円。これも気分で。

オリジナルの馬の図柄があしらわれた鉄鍋にたっぷりの野菜や豆腐、そこに豪快に盛られた馬肉。1人前を2~3人でつついてもじゅうぶんな量です。

味つけはすき焼き風なので、ほどよく火が通ったところで、鍋と一緒に忘れずに頼んでおいた「生たまご」を絡めて食べる。もう夢心地ってやつですよ。最初、あまりにも深みがありすぎるなぁと、感激しつつ不思議に思っていたら、それもそのはず。今までの料理で一度も姿を見せなかった、馬の脂身。その塊が、隠し味として鍋に放り込まれているのを発見しました。あ、ここで使ってきたか~。そりゃ~うまい。

馬肉、馬脂、野菜、玉子のハーモニーを堪能し終えたら、「さてお会計」なんてバカげた行動はとらずに、必ず「自家製 そば玉」を注文してください! いいですか? 必ずですよ!

鍋の締めにそば、ちょっと珍しいですよね。しかも、届いてみて驚くんですが、失礼ながらどこか、立ち食いそば屋のゆで置き風の、若干ボソボソッとした麺。一瞬「あれ?」なんて思うんですが、これこそが、究極に馬の旨味をたたえたスープを吸いに吸いまくる、相性最高としかいえない麺なんですよね。

酒場っ子メモ 町田で他に好きなお店だと、ホルモン焼きの「いくどん」。全身が煙の匂いに包まれますが。あと前に友達に連れてってもらった「あおば」ってやきとん屋もうまかったな~。

最後の一滴までスープを逃さない麺を、ズルズル〜じゃなくて、モソッモソッと食べつつ、これをつまみにもう一杯。

専門店の馬肉を心ゆくまで堪能でき、驚くほどリーズナブルで、大衆的なお店の雰囲気も素敵。ここがある限り、町田の街は天下泰平。そんな風にすら思わせてくれる名店です。

居酒屋のお通し問題に想いをはせる

東松原「三木松」

仕事帰りにちょっと一杯引っかけて帰れるようなもつ焼き屋や立ち飲み屋、いわゆる「大衆酒場」から少しだけランクが上がり、席に着くなり「お通し」が出てくるようなお店となると、「居酒屋」と呼びたくなります。

この、居酒屋における「お通し問題」、根深いものがありますよね。「僕は（私は）はお通し不要派だ」という酒飲みの方、けっこう多いんじゃないでしょうか。

いつだったか、とあるお通しに疑問を持つ大学生のグループが、居酒屋の「お通しの有無、価格などのわかりやすい表示の義務化を東京都に要請した」というニュースを目にしました。インターネットなどの反響を見ると賛否両論さまざまだったのですが、僕個人の見解としては、「賛」ではなく「否」。

そもそも「お通し」の語源は、お店側がお客を「店に通した」ところから来ているらしく、「これから接客が開始されますよ」という双方にとっての合図のようなもの。また、関西では「つきだし」とも呼ばれるように、お客さんがその日のメニューを吟味して注文し、それが届くまでの間に口にする、最初の一品でもあります。席料、つまり、より良いサービスを提供するために客側が一律で支払う料金に対する「サービス」として出している、という姿勢のお店もあると思います。

店側としては、まず始めに客が口にする、しかも自ら選んで頼んだわけでもない品なわけですから、特に気も遣うでしょう。客はそこから料理人の手腕や心意気、個性、さらに季節感なんかを感じとり、さていよいよ本格的に飲み食いを楽しむか、となっていくわけです。

とまぁ、これが理想的なお通しの形。

ではなぜ先ほどのようなニュースが出てくるかというと、ひとつにはこの行動を起こしたのが学生であることからもわかる通り、酒場でお酒を飲んだ経験が多くはなく、お通し文化の背景を知らないという理由があると思います。これは時間が解決する問題であって、徐々にその良さに気づいていけばいいだけのことですね。

なんか偉そうですいません。

それよりも問題なのが、古くからの居酒屋文化の形式のみを流用し、席料をとるという名目のためだけに出される、一部の居酒屋の俗悪なお通しの存在でしょう。あまり偏見で語りたくはないですが、やはりチェーン店には多いような気がしますね（僕は好きなチェーン店もたくさんあります）。

誰しもがレシートを見て「え？　あの頼んでもいない春雨とモヤシをポン酢で和えたものが600円？」などと憤った経験があるんじゃないでしょうか？

というわけで、世の中には良いお通しと悪いお通しがある。料金表示や拒絶自由の義務化なんて野暮なことはしてほしくないが、悪いお通しを出しているお店は今一度、考えをあらためてみてほしい。

なんて当たり前の結論でもって、前置きを終えたいと思います。

さて、渋谷と吉祥寺を結ぶ「京王井の頭線」は、住みたい街として名前の挙がる駅も多い人気の路線。ただし、中でも代表的な「下北沢」と、にぎやかな「明大前」の間にあるふたつの駅を

酒場っ子メモ　居酒屋のお通しに使われがちな三大食材といえば、モヤシ、春雨、山クラゲ。

パッと答えられる方はいますか？

　正解は「新代田」と「東松原」。

　まぁ、新代田は、我らが「飲み屋 えるえふる」や、有名なライブハウスなどもある街なので、なじみのある方もいるかもしれません。が、東松原はどうです？　東松原の駅前、どんな感じだったかすぐに思い浮かべられる人、そう多くないんじゃないでしょうか？

　以前、用事でこのあたりに行く機会が何度かあって、無性に「東松原」が気になりだしました。ご存知の通り、僕はこういった存在感の街が大好物なので、考えれば考えるほどに、東松原を徘徊し、目についた酒場に飛び込んで飲んでみたい欲望が抑えきれなくなってきました。

　そこで意を決し、その夢を実現することに。

　東松原、かつては大きな松林でもあって、その東寄りの場所だったんでしょうか（勝手な想像）。歩いてみると、どこか郷愁のある、つつましやかな雰囲気がとてもいいです。

　北口南口を一通り散策するのに、15分もあれば済んでしまう街。絶対数はかなり少ないですが、それでもちらほらと酒場の存在を確認できました。

　特に気になったのが「三木松」というお店。

歴史の古そうな佇まいに、「おでん」と書かれた赤ちょうちん。店名看板の裏側には「前略〇〇様　お気軽にいらっしゃい」と、独特なメッセージ。この〇〇に、それぞれが自分の名前を当てはめて良いということですね。常連、一見、問わず快く迎えてくれようとするお店の姿勢が読みとれます。

よし、「ごめんくださ～い」。

寡黙ながらも威圧感は皆無な、お仕事が根っから好きなんだろうなって大将がカウンターの中にいらっしゃり、常連さんが数名。テーブル2卓ほどの小上がりと、カウンター。そのすみに通していただきました。ゆったりと静かな空気が流れる店内は、決して特別な部分はないけれども、だからこそ大変贅沢に感じます。

はい、ここから先ほどの前置きとつながります。

三木松のメインメニューはおでんなんですが、まず初めに出てくる「お通し」が、意外、かつとっても素晴らしい！

なんとこの日は、マグロと鯛の刺身小鉢。

新鮮で絶妙に脂がのり、口に入れた途端にとろけだす中トロ。しっかりとした歯ごたえを残しながらも旨味濃厚な鯛《たい》。どんな味オンチでもモノが良いことが伝わってくる、気の利きすぎたお通しです。

さっそく頼んだ熱燗と合わせれば、早くも夢心地。このお通しがいくらかなんて、店内のどこかに表記してあるわけではないんですが、それでいいじゃないですか。こういった昔ながらの大衆酒場で、こちらが想像もしていないような金額を要求されることなんてまずない。それならば今は、数百円のことでハラハラするより、豊かな味わいと空間を全身全霊で楽しむことを優先すべきでしょう。

外の赤ちょうちんに書かれていた通り、メインメニューはカウンター内でグツグツと煮えるおでん。が、ホワイトボードに季節物中心の日替りメニューが十数種あって、まずはそちらが気になります。

「むかご」「ゆでブロッコリー」「新そらまめ焼」「生たら玉子煮」「そばの芽おひたし」「うるいおひたし」などなど。ほとんどが300円台。

その中から、自分が食べたことのない、そばの芽のおひたしってやつをいただいてみることにします。

赤と緑の対比が美しいそばの芽に、カツオ節がたっぷり。三つ葉と菊の花をミックスしたような、青くてほろ苦いんだけど華やかなような、味わい深～い一品。こういうものと日本酒って、とってもミニマムな構成でありながら、なんでこうも幸福度が高いんでしょうね。

もちろん、おでんも頼みましょう。

僕が選ぶとどうしても好みが「白モノ系」に寄ってしまうんですが、「ちくわぶ」「とうふ」「しらたき」「にんにく袋」を。どれも大ぶりで、4品でもかなりのインパクト。それでいて値段は、豆腐の100円～にんにく袋の220円までとリーズナブル。関西風の透き通ったツユの旨味がそれぞれの具材にじんわりと染み渡り、心から癒されます。

聞きなれない「にんにく袋」は、きんちゃくの中にトロトロに煮込まれたキャベツとニンニクがたっぷりと入り、口元をかんぴょうで巻いてとめたもの。パンチがありながらも優しいというなんだか矛盾したような存在なんですが、僕の好みどストライク！　いや〜、これは嬉しい出会いだ。

お酒をおかわりし、ひとつひとつにボリュームがあるので、すでに少々お腹がいっぱいになりつつの2順目。

後悔のないよう、おでんだねとしては珍しい「きくらげ」と、この日一番の高級品だった「ゆり根入りがんも」をお願いしましょう。高級といったって280円なんですが。

がんもは決して期待を裏切らず、旨味を吸ったフワフワ食感に百合根のアクセントが加わって、最高に上品な美味しさ。

キクラゲは……まず、とにかくでかい！　そもそもどんな感じで出てくるかが想像できていなかったんですが、でろーんとそのままの姿で、ダシで煮込まれただけの、けっこう衝撃的な姿でした。うんっと、まずいとか嫌いとかじゃなくて、慣れない感じすぎて食べ終わるのに苦労したというのが正直な感想でしょうか……。全国のキクラゲ好きのみなさんには朗報ですね！

「若者の酒離れ」なんて言葉をよく聞く昨今ですが、若い方こそこういういいお店に出会い、お通しとは憎むべきだけの存在ではないと知って、さらに酒場を好きになってもらいたいなと思います。

……って、今回、全体的に偉そうでしたね！　お恥ずかしい。

サイバーパンクなディープ地下街

浅草「福ちゃん」

　ふと、自分がなぜこんなにも大衆酒場、それも昭和の残り香を感じるような、場末のお店にばかり惹かれるのかを考えてみたことがあります。

　大前提なのはもちろん「お酒が好き」という事実。

　世の中にはほんの一口お酒を飲んだだけで具合が悪くなってしまう、お酒をまったく受けつけない方というのも大勢いらっしゃいますが、僕は幸か不幸か、美味しいと感じるし、飲むと楽しくなる。

　また、これは多くの大衆酒場好きがたどる道ですが、最初は酔えればどこでもいい。それがだんだんと、より安くてうまい店。最終的には、お店自体やそこに集まる人々の味わいへと興味が移行してゆく。一部の酒飲みにとっては自然な流れといえるでしょう。

さらに、僕が子供の頃、祖父母が板橋区で小さな町工場をやっており、1階が工場、2階が住居という入り組んだ作りの建物とその周囲は、格好の遊び場でした。そのすけた、過度に昭和下町的な風景は、もう祖父母も亡くなり、家もなくなってしまった今でも鮮明に思い浮かぶほどで、その思い出に対するノスタルジーもあるのかもしれません。

ただ、それとはまったく別方面からの影響もあるのでは？　ということにも、気づいたんですよね。

話は急に変わりますが、僕は高校時代に「電気グルーヴ」というバンドの洗礼を受けまして、以来現在までずっと、インディーズながらもダンスミュージックレーベルを続けていることが証明する通り、当時のテクノ周辺のカルチャーは、自分にとって、それは衝撃的だったんです。もちろん、サウンドにどっぷりハマったというのはあるんですが、加えてそこから派生するさまざまな表現が、当時の僕にとって他のどんなことよりもエキサイティングでした。

電気グルーヴがプロデュースしたカルトなゲームソフト『グルーヴ地獄Ｖ』（１９９８年）のオープニングでは、当時はまだ「最先端」という感覚のあったコンピューターグラフィックス技術で「薄暗い高架下」の風景が描かれました。

その手のテイストを代表する作品といえば、ケン・イシイ「Ｅｘｔｒａ」（１９９５年）のミュージックビデオでしょうか。アニメーターの森本晃司氏がプロデュースし、赤ちょうちんや横丁といったモチーフが登場するこの作品。サイバーパンク的世界観とクラブミュージックの親和性の高さを決定づけたといっても過言ではないでしょう。

つまり、10代の頃にテクノやサイバーパンクといったものに心酔していた僕が、アクセントとして登場する昭和感、場末感も同時に刷り込まれ、現在に至るまで、そこにロマンを感じ続けているのではないか？　と。

そんな好奇心を満たし、非日常感を楽しむ一番身近な物件が、僕にとっての大衆酒場であり、「ディズニーランドは夢の国」と出かけて行く遊園地ファンの方と、なんら変わりはないというわけです。

現実世界にあるそういった風景の代表格として思い浮かぶのが、例えば「浅草地下街」。日本を代表する観光地、浅草。その街なかにしれっと、異世界への入り口があるんです。老舗デパート「松屋」の目の前。「浅草地下街」と書かれた看板を探し、階段を降りてみましょう。

そこに広がっているのは、時代にとり残されたような怪しい地下街。

中華料理屋、タイ料理屋、立ち食い蕎麦屋、喫茶店、気功術、古物屋、アダルトショップ……とにかく謎のパワーに溢れたアジア的な風景、これだけで一見の価値ありだと思います。

1000円カットならぬ「700円カット」専門店「カットセブン」には、「女性はショートのみ」しか受け付けていない由を明記してあり、なんだかその潔さも、普段知っている街との違和感を際立たせますね。

怪しき地下街は最終的に、地下鉄銀座線の改札へと通じるんですが、その、急に日常が戻ってくる感覚も楽しい。

この中に、最高に飲めるお店があるんです。「浅草やきそば 福ちゃん」。

雑多な風景に溶け込むような「やきそば」の看板と、通路にせり出したテーブルに丸椅子。完全にサイバーパンクの世界。脳内でケン・イシイ「Ｅｘｔｒａ」を再生しつつ、内部へと歩みを進めましょう。

カウンター席に腰かけ、頭上を見上げると、ずらっと短冊メニューが並びます。

「ソース焼そば」「カレーソース焼そば」「牛スジ焼きそば」「ラーメン」「チャーシューメン」「ニ

酒場っ子メモ　先日「やきそば専門家」の方から聞いた話なんですが、日本で一番売れてる家庭用のチルド麺は、ラーメンでもうどんでもそばでもなく、マルちゃんの「焼そば」だそうですよ。

ンニクラーメン」「カレーライス」「ぶためし・スープ付き」。どれも魅力的だし、何しろ安い。オーソドックスな焼きそばは、なんと350円。季節モノの冷やし中華が750円と、ここでは最高級品のようですが、ちょうど隣の方が頼んでいて、具沢山でかなりうまそう。

おつまみも、「冷奴」「トマト」「サラミ」「チーズ」「おひたし」「梅きゅう」「ギョーザ」「チャーシュー」などなど、相当に種類豊富です。

ビールにホッピー、サワー系、焼酎など、お酒もいろいろあって、さっと食べて帰るような焼きそば専門店かと思いきや、きっちりと飲めるお店なんですよね。

では、「タンみそ漬け」と「生ビール」あたりから始めましょうか。どちらも400円。とかく観光地価格になりがちな浅草の一等地で、この大衆価格、かなりすごいと思います。

タンは適度にサックリとした歯ごたえは残しつつ熟成感があり、味噌の風味もたまりません。それをジョッキごとキンキンに冷えたビールで迎え撃つ！

途中、「冷奴」や「トマト」なんかをいくのもいいでしょう。異空間でいただくオーソドックスなおつまみってのもまた、おつなもんです。

ひと通り楽しんだら、気分でサワーでも追加して、やっぱり頼んでおきたい「焼そば」に移行。

せっかく専門店なので、ここはケチらず豪華にいきたいところ。そこで必ず生じる迷いが、「カレーソース焼そば」と「牛スジ焼そば」、どちらをベースにするかです。

カレーのほうはその名の通り、いわゆるご飯にかけるようなカレーソースが焼きそばにかかったもので、そんなのうまいに決まってます。が、牛スジがゴロゴロと入って、格段に味わいがゴージャスになる「牛スジ焼そば」も捨てがたい。よし、今日は牛スジにしよう！　そこにトッピングで「目玉焼き」も追加してやれ！

まぁ、それでも６００円なんですけどね。

しばし待つと、宝石のように美しい目玉焼きがのった、色の濃い～焼きそばがやってきます。玉子のオレンジと白、麺の茶色、添えられた紅ショウガの赤、そのコントラストが芸術的。あとはもう、ぷりぷりとした中太麺に黄身を絡め、または紅ショウガとともに、なんだったら卓上のマヨネーズを加えて、濃厚な味わいを堪能しつくしましょう！　ソースの甘味、酸味、辛味、まろみ、牛スジの旨味、黄身のコク、白身と麺と肉とショウガの食感……。一体どれだけの要素を絡めれば気がすむんでしょうか！

ふぅ～、今日も満腹、ごちそうさまでした。

浅草地下商店街
観音様・仲見世
浅草やきそば福ちゃん
ビール

ところで、今この原稿を書いていて思ったんですが、メニューにはなかった気がするけど、もしかして、牛スジ焼そばにカレーをトッピングすることってできるんですかね？　そしたら毎度の悩み、「カレーか牛スジか問題」、一気に解決じゃ〜ん。

次に行った時、聞いてみよっと。

お酒がつないだ奇跡の出会い

大泉学園「小俣商店」

このお店を「大衆酒場」と呼ぶのは間違っているし、かといって、「じゃあ何屋?」と聞かれると、もはやカテゴリー不能。「友達の小俣さんがやってるお店」としか言いようがありません。が、僕がここで何度も宴会をし、美味しい料理とお酒をたらふくいただいたことは厳然たる事実。うまく説明できるかわからないんですが、いちからお話しさせてください。

僕の家の最寄り駅のひとつに、西武池袋線の「大泉学園」があるんですが、その近所に前から気になっていた建物があったんです。

街道に面していて、築何十年かは経っていそうなこぢんまりとした3階建てなんですが、1階部分がどうもお店っぽい雰囲気。だけど、いつ前を通っても営業はしていなくて、窓もカーテンで遮られ、中の様子はほとんど見えないんですよね。唯一窓辺に「洋菓子工房 小俣商店」と書かれたブラックボードだけが立てかけてあります。

「もう潰れちゃってるお店なのかな?」とも思ったんですが、それにしてはこう、なんていうんでしょう、営業してないお店特有の退廃感がなくて、さも「普段は営業しているけど、今日は定休日なんですよ」的な生命力を感じるんですよね。

ある夜、その前を通ると、電気がついてる！ 窓から漏れる光によって少しだけ店内の様子が見えて、明らかに厨房がある。「やっぱこの店、生きてる!」と確信し、しかし営業中というわけでもなく、謎は深まるばかりでした。

最初に気になってから2年くらいは経った頃でしょうか。お隣の駅、「石神井公園」にある「伊勢屋鈴木商店」という角打ちの酒屋さんで、笑顔の優しい、とある男性と知り合いました。

「お仕事何をされてるんですか?」なんて気軽な会話を交わしていると、その方、パティシエらしい。普段あんまり知り合うことのない職業なもので、興味深々でいろいろと伺ってみたんですね。そしたら、今は自分のお店をやられていて、それはどのへんにあるお店で、と、聞けば聞くほど「まさか!」って感じで、件の「洋菓子工房 小俣商店」にフォーカスされていく。で、お名前を伺うとずばり「小俣さん」ですよ！

　これには鳥肌立ちましたね。

　ここぞとばかりに溜まりに溜まった疑問をぶつけ、判明したのが以下のような情報。

・小俣商店は営業している。
・小俣さんがひとりでやっている。
・小俣さんは忙しいのが嫌いで、ウェディングケーキなんかの注文を受けたりしながらマイペースに営業していて、お店が開いていることはあんまりない。
・夏は1～2ヶ月海のほうに行っちゃうから、仕事はしないよ。

　とこんな感じ。実にもう、憧れるライフスタイルじゃないですか！　と同時に、これまでの謎もすべて解けました。

　しかし！　小俣商店のすごさは、実はそれだけじゃなかったんですよね。

　小俣さんは、過去に10年間、ヨーロッパの本場レストランで4ヶ国に渡って修業されており、そういうお店では、お菓子だけでなくさまざまなパートを任されるので、料理も得意。小俣商店の2階には広間があって、なんとそこで、予算や人数に応じた宴会をすることも可能だそうなんです！

興味持たないわけないでしょ？　即、その場で電話番号とメールアドレスを交換し、会の実行を約束しました。

以来、小俣さんのお店では何度も宴会をさせてもらったし、今では普通に、一緒に飲みに行ったりするほどの仲なのですが、やはり最も衝撃の大きかった、初めての小俣商店での宴会について、記憶を頼りに記してみようと思います。

まずは人数ですが、十数人は入れる広さの会場ということだったので、メンバーは10人集め、予算はひとり3500円でお願いしました。

初めてなので料理の内容はすべてお任せ。肉料理、パスタ、ピザ、デザート、それからファンが多いという自家製サングリアなど、打ち合わせ段階で、こちらのなんとなくの希望をお伝えしたり、小俣さんの得意料理をお聞きしながら、「大体こんな感じで、あとはその時市場にあるいい素材で作るよ」ということにしてもらいました。

気になるお酒ですが「なんでも持ち込んでいい」という信じられないお言葉をいただいたので、遠慮なく、ビール、ワイン、焼酎などをたっぷりと買い込みました。

当日、ドキドキしながら伺ったお店の1階は、まるでジブリアニメに出てきそうな厨房。その奥にある急な階段を上って2階の会場に足を踏み入れると、そこはまさに「ひとんち」！　人数に合わせてテーブルがふたつくっつけて配置され、親戚の家での新年会そのものです。

小俣さんは1階の厨房でどんどん料理を作ってくれるので、定期的に自分たちでとりに行きます。どんな料理が出てきたか？

「タコとヤリイカのゲソのマリネ」。タコは歯ごたえがしっかりとしていて味が濃く、イカはプリプリでいくらでも食べられる。素材の味を生かして若干薄めに、しかしながら絶妙にほどこされた味つけに、今日の会がとんでもないことになる予感が確信に変わります。

「肉味噌とバゲット」。一見、パテのようにおしゃれに盛りつけられた、ひき肉たっぷりの甘辛い肉味噌。目の前の農家から仕入れたというキュウリも添えられ、これがよく合います。

「地元野菜と生トウモロコシのサラダ」。これまた農家から。というか、野菜はすべてそう。生で食べられるトウモロコシが、みずみずしくて甘い！

「ローストビーフ」。メインの一皿ですね。山形県産の最高級牛の内モモ肉らしく、赤身なのに柔らかくて、肉本来の旨味が「これでもか！」と詰まっています。一切れが大きく、油断して食べると口じゅう肉でいっぱいになって喋れないくらい。あぁ、幸せ……。添えられたおろしたてのワサビがまた、二重の意味で泣ける。

「マルゲリータピザ」。まさかの、人生で今まで食べたピザの中で一番美味しい！

「トマトとソーセージのピザ」。まさかの、記録更新！

「ラム肉のグリル、マカロニ添え」。ローストビーフが肉料理のピークかと思っていたら、まだこんなモンスターが控えていたとは。ごろごろと分厚いブロック状のラム肉は上品な風味で、少し甘めのソースとの相性、至福です。

「自家製パン」。ツヤッとした可愛らしいパン。このパン1種類しか売ってないパン屋があったとして、僕は通いますよ。いろんな料理の皿に残ったソースをつけて、永遠に食べられます。

「渡り蟹の手打ちパスタ」。もう勘弁してほしい！「蟹は出汁だから」なんておっしゃられてましたが、めちゃくちゃ身がついていて旨味濃厚。手打ちのパスタは嚙むとパツンと切れるプリプリの食感。

これだけ食べたら、そりゃぁもう全員が満腹。恍惚放心状態です。しかし階下からは「まだなんか食べる〜？」との声。

もう胃に余裕なんてない。でも舌だけは、これまでの幸福感を忘れられない。満場一致で「何か軽くつまめるものがあれば……」とリクエストすると、さらに「カレーソースとブルスケッタ」が出てきました。

小俣さん、これ、今まさにほしかったやつです！

はぁ、異常な満足感。

どの料理も味つけがいいのはもちろん、素材自体の味が力強くて、本当にいいものを使い、それを引き立てる的確な調理をされているということが、バカ舌の僕にでもわかります。体中の細胞が歓喜している！

さて、いくらなんでももう満腹だし、なんだか美味しいものをいただきすぎて恐ろしくなってきました。

「ごちそうさまです、当分は麦飯とゴマ塩を中心とした質素な食事ですごすようにしますから」と、聞かれてもないことを小俣さんに向けて口走っていると、最後にとどめが待っていた。

覚えてますか？　小俣さんはパティシエ。そう、デザートです！

「紅茶とオレンジのムース」。これがもう、菓子職人の意地と気迫すら感じる一品。

紅茶風味のムースの中にしっとりとしたスポンジが入っていて、オレンジとミントの爽やかさが加わり、高貴なハーモニーを奏でます。オレンジは皮まで食べられ、そのちょっとした苦味がまた絶妙のアクセント。

これ、極限まで柔らかく作ってあるため、持ち帰りはできないそう。つまり、正真正銘ここでしか食べられない味。

自家製のサングリアともよく合うと聞いて試してみると、これまた想像以上！　甘いお菓子と甘いお酒がこんなに合うなんて、自分の味覚の新たなゾーンが覚醒した気分。

あ、ちなみにその自家製サングリア、ワインとブランデーにフルーツが漬け込まれ、さらにスパイス類も効いていて、予想通り全員に大好評。「予算も予算ですし、ひとり一杯くらい飲めたらありがたいです……」なんてお願いしていたんですが、出てきたの、4リットル……。

はっきり言って、何もかもが想像以上すぎ。ローストビーフあたりからはすでに申し訳なさが押し寄せてきて、後半は開き直るしかなかったです。

「こんなに出してもらっていいんですか?」って聞いたら「いや〜人が多いとでっかい塊の肉焼けるし、僕も楽しいんだよ!」なんて、明るく笑う小俣さんには、確実に後光が差して見えました。

自由な小俣さんは現在、伊豆に移り住み、そこでお菓子やパンのお店をなさっています。

相変わらず予約すれば宴会もさせてくれるそうなので、早くそっちのお店にも遊びに行ってみないとな〜。

酒場っ子メモ　その後小俣さんとはずいぶん仲良くなって、もう宴会がどうとかではなく、普通にお店へファミコンやりに行ったりしてました。

代官山は安酒飲みの敵か？

代官山「山本商店」

世界中に存在する無数の書籍の中から、このような場末の1冊にたどり着いてしまった方。つまり今この文章をお読みいただいているあなたというわけですが、そういう方ならおしなべて、「代官山」のことは憎んでいますよね？

業界人がカフェでランチをし、芸能人が蔦屋でＤＶＤを購入し、ファッションモデルがカッポカッポと往来を闊歩する街——代官山。

ここまで読んで「気どってんじゃね～っ！」と、昨夜飲んだカップ酒の空き瓶を窓に向かって投げつけようとしているそこのあなた、ちょっと待ってください！

確かに代官山は日本一と言っても過言ではないおしゃれタウンです。我々場末人間の落ち着く大衆酒場的世界観とはかけ離れた地です。しかし、そのイメージだけで代官山を安酒飲みの敵と断定してしまっていいのでしょうか？

答えは「否」。

街にはさまざまな顔があります。どんなにお高くとまったエリアにだって、心落ち着く大衆酒場の一軒くらいはあるもの。代官山にも、行けば必ず寄りたくなる、思い出すだけで顔がニヤけてしまうような、素晴らしい酒場があるんですよね。しかも、角打ち。とはいえやはり代官山、一般的な角打ちをイメージして行くと面食らってしまうほど、小洒落た仕上がりになっているんですけども。

お店があるのは「駒沢通り」。自分にはあまり縁がないけど、TVとかでよく芸能人が「こないだ駒沢通りを車で通ってたら～」とか言ってるような、そんな通りです。

代官山駅から徒歩2、3分、恵比寿駅からでも5分くらいのところに、「山本商店」はあります。小綺麗に立ち並ぶビルのひとつに地下へと続く階段があり、「wine shop & bar yamamoto」と看板が出ていますので、それを目印に。

階段を降りていくと、自動ドアで仕切られた酒屋の店内の前に、オープンエアーな立ち飲みスペースがあります。ワインケースを再利用した木製のカウンターテーブルがいくつか。扇風機で

酒場っ子メモ　以前、相撲の番付のような書体で「代官山」って書いてあるライターが、代官山の道ばたに落ちていて、「だ、代官山っぽくねぇ～」と思ったことがありました。

風が回っていて、直射日光も当たらないので、夏場でも意外と快適にすごせるスペースです。

そして看板にある通り、雰囲気は下町の角打ちとはかけ離れた、あくまでも「ワインショップ&バー」。なんなら意中の女性を連れていったって「あら素敵、たまにはこういうのもありね、好きよ」なんて喜んでくれるはず。

店内の棚には所狭しとワインが並び、冷蔵庫を見ても置いてあるのは輸入ビールが中心。ですが「何を買っていいかわからなそう……」といったご心配は無用。もちろん店内で買ったお酒を飲んでもいいわけですが、角打ちスペース専用のメニューも用意されており、その内容がとにかく驚異的なんです！　まぁ見てください。

・ウーロンハイ（140円）
・ホットウーロンハイ（140円）
・コークサワー（168円）
・レモンサワー（145円）
・ホッピーセット　白／黒（各203円）
・角ハイボール（229円）

・ジンロ　50ml（70円）

などなど。ね？　とんでもないでしょう？　というか僕、ここ以上にホッピーセットが安いお店を他に知らないんですが、まさかそれが代官山にあったとは……。ジンロの「70円」ってのも何ごとなんだ。

もちろん、安いからといって雑に放り投げるように出てくることもなく、どれもきちんとしたセットで提供してもらえます。例えば「お茶ハイ」なら、丸っこさがかわいいジョッキとマドラーに焼酎と氷、別添えで、よ～く冷えた伊藤園の「お～いお茶」のミニ缶がつく。なんて愛らしいセット！

注文はそのつど店内のレジで行うキャッシュオン方式。角打ち用のメニューは店員さんにお願いして出してもらい、合わせて店内で販売されているお酒やつまみを購入することも可能。メニュー選びの組み合わせは無限大です。

ただし一応、ひとつだけルールがありまして、缶ビール（輸入物は除く）と缶チューハイだけはここでは飲んじゃだめなのでご注意ください。

ちなみにいつもいらっしゃる女性店員さん、「酒は安く出しても愛想だけは安売りしない」といったタイプのプライドを持って働かれている方のようなんですが、仕事はテキパキと迅速、また、ちょっとした日常会話なんかには笑顔で応じてくれますので、心配しなくても大丈夫ですからね。

さて、レジ横にはワインによく合いそうな加工肉類のパックが充実。「チーズパンチェッタ」「カクテルウインナー」「スモークタン」など、なんだかわかんないけど絶対うまいんだろうな、って品々が数百円で売られていて、どれもおつまみには最高でしょう。中には「ハチミツ」1個(25円)なんてのもあって、これは……チーズにでもぶっかけるんでしょうか? セレブの考えることはたまにわかりませんが、きっと便利な使い方があるに違いなし。

今日は、「ユッケ風牛肉生ハム」と「おつまみ牛タン七味仕立て」あたりを選んでみましょうか。どちらも、普段コンビニで買ってつまみにしている同様のものと比べ、「ユッケ風」とか「七味仕立て」とか、プラス要素が多いですね。無論、要素が多ければ多いほど酒が進むわけなので、ありがたい限り。

さて、こういったつまみに合わせるお酒として、先ほどのメニューから比べると高級品(といっても325円)ながら、ここに来たら必ず頼みたくなってしまう一杯があります。

それが、「ギネス サージャー」。

「サージャー」とは何かというと、ビールの入ったグラスをのせ、そこに超音波を送る、板状の専用電気機器。これで超音波を送ったギネスビールが「ギネス サージャー」。

ギネスビールといえばクリーミーな泡が身上で、大きな飲食店なら専用のサーバーを導入することによってこの泡を生み出すわけですが、こちらは基本酒屋さんなので、そこまではしてられない。そこでサージャーの登場というわけです。

話だけ聞くと「超音波ぁ？」とか怪しまれるかもしれませんが、パッと見ただけで違いのわかる、専用のサーバーを通過したかのようなクリーミーな泡がすごいです。家にほしいなぁ、サージャー。

おつまみの話に戻りますと、棚に並んでいるものの他、お店で簡易調理してもらえるホットメニューも用意されています。
・えだまめ200g（198円）
・からあげ（4個）（280円）
・ピザ マルゲリータ（390円）

・バターコーン（133円）

どうですこの、絶妙な4種のラインナップ。

中でも楽しいのが「バターコーン」で、店内で売っている缶詰のコーンに、バターと塩コショウを加えて温め、お皿に盛って出してくれるというシンプルなメニュー。これがたまらなくうまいんですが、なんと店内での販売価格は102円。つまり、浮き彫りになってしまった調理代金、31円！　手間賃と考えると、安いにもほどがあります。いつもありがとうございます。

他も、基本的に冷凍ものを温めて出してくれるという簡単なおつまみなのですが、角打ちでいただく温かいメニューのうまいこと！

ワインのことは詳しくないけれども、説明書きなんかを見ながら手ごろな値段のものを選び、無料で貸してもらえるワイングラスに注いで、「ピザ　マルゲリータ」なんかと合わせてしまった日には、「俺もついにここまで上り詰めたか……」なんて、間違った感慨にふけってしまいますよね。

罪な店だぜ。山本商店。

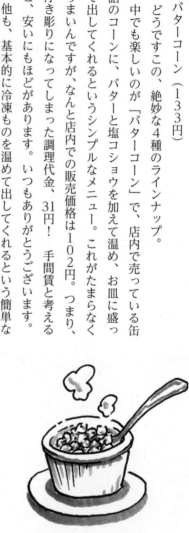

ねじり鉢巻の大将は元フレンチシェフ

武蔵関「丸忠」

毎年12月9、10日に、西武新宿線・武蔵関駅北口一帯を中心に「関のボロ市」が開催されます。ボロ市、つまりは中古の日用品や雑貨なんかの露店が並ぶ蚤の市なんですが、始まったのが江戸中期の1751年だというからその歴史は相当なもの。僕が10代くらいの頃までは、本当の意味での「ボロ」、例えば、すでになんらかのTV番組が録画されたビデオテープとかをやたらと並べて売っている露店が多かったような記憶があるのですが、近年はほとんど屋台が中心のようです。

それでも、普段はのんびりとした駅前を埋め尽くす膨大な夜店の列と、きらびやかな提灯、そこに集まる人々。その非日常感には大変ワクワクさせられ、年末の風物詩として、つい足を運びたくなってしまうんですよね。

歩くのがやっとの駅前を冷やかし、行列に嫌気がさして、たこ焼きのひとつも買わず、「あぁ人が多い。退散退散！」なんて、喧騒から抜け出すのが、毎年お決まりのコース。その頃には頭の中は「飲みたい」一色です。

すると足が向くのが、駅前からほど近いとある路地。スナックや赤ちょうちん、銭湯などがぽつぽつと並ぶ味わい深い風景の中に、隠れた名店「丸忠」があります。

祭りの夜といえば考えることはみな同じ。街の酒場はどこも大盛況で、店の表にまで急ごしらえの席を作って飲ませているほど。

と思いきや、ぽっと灯る赤ちょうちんだけが目印の丸忠の扉をカラカラと開けてみると、そこには普段となんら変わらない、静かな時間が流れています。

いや、人気がないとかじゃないんです。幅広い世代の常連さんから愛される名店。だけど、決して物見遊山に来た人々が、ふらりとたどり着くお店ではないんですよね。

この安心感。街の喧騒からの、緊張と緩和。そんなお店を知っているという、ちょっとした優越感。ボロ市の夜は、普段にも増して、丸忠で飲めることを嬉しく感じてしまいます。

年季の入った店内は、細長いカウンターと小上がりからなる、典型的な大衆酒場。厨房には、細めのねじり鉢巻をキリッと締めた大将がひとり。

メニュー数は割と絞られているんですが、少々独特なラインナップで、どれもそそられます。そして、まるで何十年か前に時間が止まってしまったかのように、安い。

キュウリ、ダイコン、ニンジンのぬか漬けが、見たこともないくらい整然と列をなす「おしんこ」が、なんと150円です。まずはこれとビールで今日の作戦を立てていきましょう。

僕、その組み合わせに興味を持ったことがなかったのでしょう。たぶんこの店で生まれて初めて、何気なく頼んでみたメニューがあります。それが「いか納豆」。これが、超うまかった！納豆の上に、ねっとりと甘味のある細切りのイカがのっているスタイルで、まずは醤油をたらし、最初の2、3口はイカ刺しとして楽しむ。次に勢いよく混ぜると、やがて別々だったふたつの食材は混然一体となり……。イカと納豆の組み合わせが、こんなにも合うものだったとは、不勉強でした。

「焼とり」「とりレバ」「砂キモ」の3種類のみで、1本80円という、究極にシンプルな串メニューも好ましいです。プリプリとした正肉、「よく焼き」で旨味の濃いレバー、歯ごたえが嬉しい砂肝、どれも実直な美味しさ。

いつも迷うのが、「とりから揚げ」と「チキンかつ」。根拠はないけど、今日はから揚げにしましょうか。口の中を攻撃してくるようなエッジのない、優しくて、サクサクと軽～い衣が特徴的。ひとつひとつが小ぶりで、量がたっぷりなので、ポイポイと口に放り込む箸が止まらなくなってしまいます。

定番の「なすチーズ」もいくか。細切りにしたナスに、そぼろとたっぷりのチーズ、ピザソースをのせて焼き上げたオリジナルメニュー。ソースが喫茶店のピザトーストを思わせる甘めのケチャップ風味で、これまたクセになるんですよね。そのすべてを受け止めるトロトロのナスの信頼感といったら。

ところで先ほども書きましたが、丸忠のおつまみのラインナップって、ちょっと変わってます。「もろきゅうり」「もずく酢」「いか塩辛」といった王道に混じって、チラホラと洋食風のメニューが。

それもそのはずで、実はこちらの大将、元々は「ナポリタン発祥の店」といわれる、横浜の某有名レストランでフレンチシェフを務められていたそうなんです。しかも、かなり名のある、伝説ともいわれる料理人の弟子だった、という情報もあり。

酒場っ子メモ　武蔵関もまた、いい酒場の宝庫なんですよねぇ。ちょっと小粋な「はなしのぶ」、たこ焼きで飲める「和楽」、やきとんの「屯縁房（とんえんぼう）」。あ、駅前の「与作」も外せない！

そんな方が、まさか武蔵関の横丁で、ひっそりとこんなお店を営んでるとは誰も思いませんよね。いやぁ、あらためて、酒場はおもしろい。

そんな大将の妙技を堪能したいならば、「オムレツ」は忘れずに頼みましょう。

美しい楕円に成形された玉子の表面は、見るからに！究～極になめらか！　おずおずと表面に箸を入れると、無論プルップルのトロトロ！　バターの風味も惜しみなく、口へと運ぶたびに幸せな気分に満たされてゆきます。

しかも、ここは酒場。元シェフが丹念に焼き上げたオムレツに、好みで醤油をひとたらしすることもできるし、なんならチキンライスも頼んで、勝手にオムライスにしてしまったっていい。こんな自由があっていいいんでしょうか……？

まさしく隠れた名店。誰にも教えたくないけど誰かに話したい、そんな酒場のジレンマを存分に味わわせてくれるお店です。

巨大な羊肉塊を一心不乱にむさぼる貴重体験

池袋「聚福楼」

もう何年も前から、池袋の北口一帯が、ちょっとしたチャイナタウン化していることをご存知でしょうか？

といっても、横浜、神戸、長崎の「日本三大中華街」のようにメディアで特集されたりする機会もあまりないし、ご存知ない方のほうが多いと思います。そもそも、大げさな門かなんかが建ってて「ここからここまでが中華街です」というようなわかりやすいものではなく、いつのまにやら、自然発生的に、中国出身の方々が多くお店を出すようになり、相乗効果でそういったお店がさらに集まり、「な～んかこのへん、やたらと本場の人がやってる中華屋さん多くない？」となったのが成り立ちのよう。

入ってみたら自分の他に日本人が誰もいなかった、なんてパターンもあって楽しく、何より安くて美味しいので、よく利用しています。一口に中華といっても、定番の「四川料理」や「北京料理」から、北朝鮮との国境付近で親しまれている「延辺《えんぺん》料理」といった珍しいものまで、幅広い特色を持ったお店が集まっているのも嬉しいポイント。飲食店が多いので中国食材屋も多く、たまにこういうお店を覗いてみるのも楽しいものです。

げんこつ大の黒酢酢豚が絶品の「永利《えいり》」、容赦なく辛い本場四川料理の「知音《ちいん》食堂」、羊串焼が名物で24時間営業の「楽楽屋」、気軽に立ち寄れる小籠包スタンド「永祥生煎館《エイショウシェンジェンクアン》」、もはや日本の要素が見当たらない「西安肉夾饃《シーアンロオジャーモー》」など、おもしろいお店は数えきれないのですが、中でもインパクトが絶大なのが、「聚福楼《じゅふくろう》」。「羊肉の丸焼き」が名物で、運ばれてくる巨大な肉塊を目にして真っ先に浮かんでくる言葉といったら「狩猟」です。

お店はなんてことない雑居ビルの4階にあり、エレベーターに乗り込み、チーン！　と扉が開くと、いきなりすさまじい活気！　一気に、ここが日本とは思えない空気感の中に放り込まれます。

そして、夏場は特に、ものすっごい暑い！　そんなに広くない店内には所狭しとテーブルが並び、すべての席でガンガン炭火を焚いているので、空調が追いついてないんですよね。ここ、好き嫌いが別れるポイントですが、結論から言って僕は、あっつい中でビールをガブガブ飲みながらガツガツ肉を食らう感覚、かなり好き。「わたくし、お汗をかくなんて滅相もございません」というタイプの方は、冬場にでも行ったらいいじゃないですか。それか、行かなければ。

羊肉の丸焼きメニューは、「背中焼き」（3800円）「足の丸焼き 前足」（4600円）「足の丸焼き 後足」（5800円）の3種類。加えて、「兎の丸焼き」（4800円）なんてのもあり、これがけっこうそのままの姿をしていて、なかなか衝撃的。

あ、ここはできれば、ひとりではなく何人かで行ったほうがいいお店です。例えば先日は、友達を誘って6人で伺い、店員さんにおすすめを聞いて、4800円の前足を注文することにしました。同時にビールのピッチャーも。

ビールをグビグビやりながらしばし待っていると、これまで飲食店で目にした中では、あきらかに過去最大の肉の塊が、目の前に到着します。しかも羊肉、ラムですよ？　ここで歓声が上がらないなんてことはありえません。

しかしながら、さてこいつをどうやって食べるか？　串にぶっ刺して、ぐるぐるぐるぐる回しながら焼いていたんでは日が暮れてしまいそうですが、心配ご無用。ブロックのまま見せてくれるのは、「今からこの肉を食べてもらいますからね～」っていう、いわばサービス。羊肉は一度退場し、網で焼きやすいようカットして再び持ってきてもらえるシステムになっています。

箸休めとして頼んだ「キュウリのニンニク和え」かなんかをつまみつつ、またしばし待っていると、肉が再入場！　切り身になってしまうとインパクトが薄れるかというとそんなことはなく、巨大な皿に山と積まれたラム肉、それが2皿！「今からこれを食べていいんだ～」と思うだけで、こみ上げる笑いが止まりません。

ここからはもう、ガンガン網にのせ、焼けたら食う！

味つけがまた最高でして、クミンを中心としたスパイスを独自に調合した、特製の真っ赤な「粉」。これをたっぷりとまぶすという、その一択なんですが、「何か違法な成分が入ってるんじゃないの？」と疑ってしまうほどの中毒性で、まったく飽きることがありません。ガツガツと肉をほおばる！　グビグビとビールを飲む！　肉↓ビール↓肉↓ビール……の幸福なループ。アドレナリンがドバドバと放出され、後半はもはやトランス状態。ラム肉なので脂まであっさりとしており、食べても食べてももたれることなくずっと美味しいのもすごい。

とはいえ、先ほどまで存在していた巨大な肉塊が目の前からきれいに消え去った頃には、全員お腹いっぱい。毎度のことながら、「幸せはここにあったか……」という満足感に包まれます。

中華料理屋さんらしく単品料理もたくさんあるので、そういったものをいろいろ頼んでみる楽しみ方もあると思うんですが、我々は羊肉メインで、この日のサイドオーダーは、先ほどのキュウリと「干し豆腐細切りの和え」の2皿のみ。ビールのピッチャーは何度か追加してたらふく飲み、それでお会計がひとり2000円そこそこという、ちょっととんでもないお店なんですよね、ここ……。

しかもですよ。もうひとつ大きな驚きポイントがありまして、それは翌朝のこと。前日にあれだけ肉をむさぼり食ったのになぜかお腹がパンパンに張ったりせず、すっきりとしていて、しか

酒場っ子メモ　延辺料理で多く使われる、羊を最高にうまく食べさせてくれる魔法の粉のポイントは「クミン」で、それ以来、僕の一番好きなスパイスになりました。パクチーに次ぐクミンブーム、そろそろこないですかね？

も体調が最高。ビールだってあんなにたらふく飲んだのに！
驚異のラム肉パワー、おそるべしです。

缶チューハイ持ち込み自由のお寿司屋さん

東久留米「二葉鮨」

先日、西東京の「東久留米」という街を歩いていたら、ふと、とあるお寿司屋さんが目にとまりました。

一見なんの変哲もない、こぢんまりとした街の寿司屋なんですが、なんだろう？　何か違和感があるぞ？　と、じわじわと近づいていってよ～く観察してみます。すると違和感の正体を発見！

なんと、外の壁に張られたメニュー表に並んで、

「缶チューハイ持ち込み自由」

と大書された紙が貼られているじゃないですか！

回らないお寿司屋さんといえば僕のような若輩者にとって、おいそれとは足を踏み入れられない緊張感漂う場所です。ところがそんなお店に全然似つかわしくない、この文字列。

寿司屋に限らず、一般的な飲食店ならばこっぴどく叱られたあとに追い出されてしまう缶チューハイの持ち込み行為を「自由」と宣言しているのです。

本当かな？　なんだかしちめんどくさいルールとかがあって、逆に高くついてしまうような、そういう落とし穴がある可能性も……あれこれ考えてたってしょうがない、とにかく気になる！入ってやれ！

さっそく最寄りのコンビニで缶チューハイを買い込み、ガラス戸を蹴破る勢いでお店に突撃！……と言いたいところですが、僕はそこまで肝が据わっていないので、一度ランチタイムに普通におじゃまし、大将にお話を伺ってみたところ、「本当に何でも持ち込んでいいよ」ということだったので、後日あらためて来店してみました。

「二葉鮨」は、カウンター7席のみの小さなお店。店内に高級店のような威圧感はなく、いかにも家庭的で落ち着ける雰囲気です。

壁のメニューに目をやると、「スミイカ」「エビ2本焼き」「赤魚かすづけ」など数種類の一品つまみの他は、コースのお寿司がメイン。にぎりが「楓《かえで》」の900円から「特選」の2600円まで4種類。他、マグロやアナゴに特化したコースもあります。もちろん懐具合に余裕があるなら、単品で好きなものをオーダーすることも可能でしょう。

うんうん、自分にも手が出る範囲のお手頃価格だ。お酒は持ち込みのものがあるし、「ここは思いきって特選か……」と迷っていると、大将から「特上あたりでもじゅうぶん満足できると思いますよ」とご提案。きっと僕がまだまだ特選には見合わない男であることを商売人の勘で見抜かれたのでしょうね。ありがたい助言に従います。

お寿司を待つ間、いよいよ禁断の行為に手を染める時間がやってきました。「寿司屋で持ち込みの缶チューハイを飲む」という……。

おそるおそるプルトップをプシュッと開け、貸していただいたグラスにトクトクトクと注ぎます。……ふぅ～、これがまぁ、想像以上の違和感と罪悪感。頭では大丈夫とわかっていても、体のほうが「こんなとんでもない行為が許されるはずがない！」と拒否しています。

が、すぐに大将が、「どんどん使っていいからね」と、なんとアイスペールにたっぷりの氷をサービスしてくださり、恐縮するとともに少しずつ罪悪感も薄れて、ちびりちびりとチューハイに口をつけ始めることができました。

しばしのち「にぎり鮨 特上」が届き始めます。

まずは、赤貝、大トロ、イカ、もういっちょ大トロで、玉子。……違う……慣れ親しんだ回転寿司やスーパーのものと、あきらかに……。店が店ならここだけで4000～5000円したってぜんぜんおかしくない、すさまじく美味しそうなお寿司たちです。

実際、甘味と歯ごたえがたまらない肉厚の赤貝、トロリと溶けるような食感が衝撃的なイカ、本物のマグロの旨味が脳天に突き抜ける大トロ、ダシたっぷりの自家製厚焼き玉子と、それはもう極上のお味……。

惜しみなく添えられたキュウリと白菜のお漬物とガリも、良いつまみになります。

だんだん、目の前にいつも家で飲んでいる「タカラ焼酎ハイボール ドライ」があることもおもしろくなってきて、なん

だか最高に愉快な気分。

そして、特上寿司はまだ終わらない！

とんでもない大きさと厚みの海老。海の宝石箱代表、イクラ。マグロの赤身、シャリ、ノリ、さらにその外側にシャリを薄〜く巻きつけてある、手の込んだ鉄火巻きが3カンと続き、もう、大満足なんてもんじゃないです。

なんてすごいお店が、こんな場所にあったんだ！

それから僕は、たまにここに通うようになりました。

大将の神谷さんはとっても話好きで、人生訓のようなありがたいお話から、下世話なネタまで、聞けばオールマイティーになんでも答えてくれます。そういう会話を楽しみながらの食事ってすごく楽しいし、料理のお値段以上の価値があるものですよね。地元にあってほしい見本のようなお店です。


ここで、いろいろと聞かせてもらったお話の一部を抜粋。

大将は現在70代で、お仕事歴はなんと62年。戦争でご両親を亡くされ、学校にも行けず、兄弟みんなで働くしかないという状況で、魚屋さんのお手伝いからスタートし、やがて料理人の道へ。まだ周囲に畑しかなかったこの場所にお店を構えたのは40年前。

以来寿司職人一筋で、子供たちを育て上げ、今やお孫さんもたくさんいらっしゃるそう。「今春休みでしょ？　孫が一日中家にいて、『じいちゃんお腹すいた～』なんて言ってくるもんで大変ですよ」と語る笑顔がとっても嬉しそうです。

酒もタバコもギャンブルもやらない真面目な方で、ちょうどこの話を聞いていた前日、半年ぶりに1日お休みをとられたんだとか。午前中はゴロゴロして、午後はずっと近所の川で釣りをしていたそうで、きっと何か体を動かしていないと落ち着かない性分なんでしょうね。

朝はもちろん仕入れに行き、11：30から23：00まで、中休みもなくここで働く。なんでそんなにお仕事に打ち込めるのか伺ったところ、仕事をしていればひとつ仕入れを間違えるだけでお客さんに迷惑がかかるので、ボケている暇がない。それに、この小さな店で、のんびりマイペースにTVを見ながら寿司を握って、みんなに喜んでもらうのが一番楽しいから、だそうです。

なんたる学ぶべき姿勢！

大将はお酒を飲まれないので、基本的なものは置いているけど、お客さんの好みに合わせてい

酒場っ子メモ　大将が釣りに行ったと話してくれた「黒目川」は、池袋から急行で20分弱の駅から歩いてすぐの場所にあるとは思えない、とてもきれいな川。夏場は子供が普通に川遊びしてます。

ろいろ揃えるのは、わからないし大変。ならば、地元の方や若者が、９００円のお寿司でも食べて、好きなお酒を飲んで、満足してもらえたらそれが一番、とおっしゃられていました。つまりは、僕がここに来るきっかけとなった「缶チューハイ持ち込み自由」システムも、大将のサービス精神から生まれたものだったというわけですね。

なんというか、やっぱり飲食店や酒場って「人」だよなぁと、しみじみと温かい気持ちになってきました。

この日はチューハイの他に、「基本なんでも大丈夫」と伺っていたので、さらに寿司屋のカウンターには似つかわしくない「ワンカップ大関 ジャンボ」も持ってきていたので、ガリの一切れも残さずつまみにしてこれを空けます。

すっかりほろ酔いになったところでお会計をお願いすると「２２５０円です！」と大将。いや、値段は知ってたんですけど、この満足感の中であらためて聞くと信じられません……。

ちなみに持ち込んだお酒は、お店近くのスーパーで買った缶チューハイ（１４９円）と、ワンカップ（１８９円）なので、今日の合計は締めて、２５８８円！　これだけの寿司食べて？　こんなにいい気持ちになって？　実は僕、いまだに信じられてません。

ちなみに、いくら酒代が安く済むとはいえ、僕は毎回特上の寿司を頼めるほど偉い身分ではなく、その後定番となった注文はというと、まず一品つまみの中から、こちらも名物、甘いタレを塗ってふわっと仕上げた「穴子焼き」（500円）でチューハイを一杯。続いて、900円の「にぎり鮨 楓」を。内容は季節によっても変わるでしょうが、平均的には、マグロの赤身が2カンに、イカ、コハダ、エビ、鉄火巻、といったラインナップ。2杯目は気分に合わせ、日本酒でも焼酎でもハイボールでもいいんじゃないでしょうか。

以上で酒代を除く合計、1400円。

うん、やっぱり信じられないなぁ……。

大衆酒場激戦区にも、のんびり飲めるお店はある

立石「鳥勝」

「立石」といえば、僕などは名前を聞いただけでソワソワしてしまう、酒飲みの聖地のような街。駅前のアーケード街を中心に、ディープすぎる下町的風景が広がり、散策しているだけでも楽しいのに、そのあちこちで安くてうまい大衆酒場の超名店が元気に営業中という、酒好きにとってのテーマパークです。

筆頭はやはり、もつ焼きの「宇ち多゛」でしょう。

メニューには「もつ焼き」としか表記されていないにもかかわらず、「カシラ」「ハツ」「ガツ」「ナンコツ」「レバ」「シロ」「アブラ」「ツル」といった部位に、味つけ、焼き方、お酢がいるかどうかなどを指定して頼む必要があるため、「ハツナマお酢！」「アブラ少ないとこミソよく焼きで！」などという呪文のような言葉が店内に飛び交っており、加えて希少な限定メニューもあったりす

るので、一見で入るにはそれは勇気のいる酒場です。

それゆえ、一部のファンの間では宇ち多へ行くことを「宇ち入り」なんて大仰に呼んだりもするのですが、思い切って入ってしまえば、新鮮なもつ焼きのあまりに高次元なうまさと、驚くべき安さに打ちのめされることは間違いありません。それに、ちょっとコワモテの店員さんたちも「初めてなんですが……」と素直に言えば、親切におすすめやお店のシステムを教えてくれますしね。

他にも、もつ焼きの「江戸っ子」に「ミツワ」、若鶏の半身揚げが名物の「鳥房《とりふさ》」、おでんの「丸忠かまぼこ店（旧・二毛作）」、餃子の「蘭州《らんしゅう》」、立ち食いの「栄寿司」、街のスーパーと定食屋が合体してしまったような「倉井ストアー」、生ホッピーが異常にうまい「秀《ひで》」、店名からしてインパクト絶大な「串揚100円ショップ」と、魅力的な名店が目白押し。

ただ、そんな激戦区、立石において、個人的に最も好きなのは、実は今まで挙げたどのお店でもありません。特別に有名でも、変わったメニューがあるわけでもないんだけど、飲んでいてしみじみと落ち着くし、じわじわ心が満たされてゆく、僕の中では立石一の名店があるんです。

それが「鳥勝」。

場所は宇ち多゛のはす向かいあたり。道路に面してオープンなカウンター酒場で、地面まで届きそうな長いのれんと、赤ちょうちんが目印。

特に看板があるとか、ちょうちんに店名が書いてあるとかではないので、興味が湧いた方は、この佇まいを目印に探してみてください。のれんをくぐるとそこに広がるのは、こぢんまりと、そして、雑然とした店内。いつも不思議に思うんですが、なんでこんなに落ち着くんでしょうね？「雑然」って。

何年か前、ひとり立石を散策していて、何気なくふらりと入ったのが最初の出会いでした。

のれんで中の様子が見えず、「一体どんなお店なんだろう？」という心地良い緊張感があったのですが、勇気を出して店内へと進み、カウンター前のガラスケースを目にした時、一気に緊張がほぐれていったのを覚えています。

そこには「¥100見本」と書かれた小皿が5つ。それぞれに、塩辛、ラッキョウ、柴漬け、キュウリの漬物、シソ風味ニンニク、が盛られています。これが色とりどりで、かわいらしいことこの上ないんですよね。

さらに同じケース内には、「赤いきつね」「緑のたぬき」「カップヌードル」の姿も。「あ、このお店のご主人、善良な人だ」、そう確信しました。

気持ちが落ち着き、あらためて壁の短冊メニューに目をやると、「モロキュー」(130円)「枝豆」(180円)「もつ煮込」(280円)など、全体的にめちゃくちゃ安い。「カレーライス」や、「焼そば」「そうめん」「冷しざる中華」など、ご飯ものも充実。

さっそく、煮込みにホッピーで飲み始めます。

う~ん、なんだろうこのリラックス感は。

オープンな店内では巨大な扇風機が風を回し、ゆらゆらと揺れるのれんの向こうにアーケードから差し込む光が輝く。なんだか、大好きな沖縄の「牧志《まきし》公設市場」の外れあたりにある酒場で飲んでいるような気分にもなってきます。どこか「島時間」に近い空気を感じるというか。

のれんの隙間からちらりと見ると、宇ち多゛の前は相変わらずの大行列。そんな温度差も、こののんびりとした空気が生み出される要因のひとつなのかも。

３００円の「冷奴」なら木綿豆腐1丁の上にたっぷりのねぎ、２５０円の「煮込豚足」は、値段からは信じられないボリューム。「飾りっ気」といったものからは縁遠いんですが、「とにかく安く、たっぷり食べてもらって、お客さんに喜んでもらいたい」という、ご主人の優しい心遣いが伝わってくるような品々が嬉しい。

そして、鳥勝最大の魅力は、間違いなくそのご主人！

いつも穏やかに、優しい笑顔で出迎えてくださり、失礼ながら、どこかかわいげすらも感じる魅力的な方。それでいて、自分の目がゆき届く規模のお店をひとりで切り盛りされている、一国一城の主。めちゃくちゃかっこいいですよね。

鳥勝ができたのは今から約15年前で、当時は1本50円からの持ち帰り専門の焼鳥屋さんだったそうです。立石といえば飲み屋のイメージが強いですが、「なんでこの場所を選んだんですか？」と伺うと「ちょうど空いてたから」とのこと。けっこう行き当たりばったりな性格なのか「50円じゃ全然やっていけなかった」とおっしゃられていたのにも笑いました。

その後、常連さんのリクエストのままにお酒を出すようになり、ご飯もののメニューも少しずつ増え、現在のような業態になっていったようで、ガラスケースにカップ麺が置いてあった経緯もこれではっきりしました。

営業開始は、公称は14時だけど、ご主人がお店に来る12時くらいにはなんとな~く常連さんが集まり始め、深夜2時まで。これ、立石界隈でも一番早くから、そして一番長く飲める店なんじゃないでしょうか？

毎日車で30分ほどかけてここに通われているご主人、なんとお酒は嫌いで、好物は甘い物。


ある時、どうしても気になって、こんな質問をしてしまったことがあります。

「お仕事は大変だと思いますが、そんなにがんばれる秘訣ってなんでしょう？　やっぱりお客さんに喜んでもらいたいという気持ちですか？」

なんだか押しつけがましい質問ですね。「はい」と答えれば美談になってしまう。そして僕は、そう言ってもらって、この底抜けの居心地の良さに対する根拠がほしかったのかもしれません。

しかし鳥勝のご主人の答えは、はるか上空より返ってきました、曰く、

「忍耐だ」

とのこと。

いや〜、シビれた。そして、浅はかな質問をしてしまった自分を恥じました。「大変な仕事を続ける秘訣は、忍耐」。こんなにも重い言葉ってあるでしょうか？

とはいえ、カウンターのすみの、数種の小袋のお菓子が入れられたプラスチックケース。そこに貼られている、ご主人が書いた「2ヶ 自由にどうぞ」の人がら溢れる文字。これを見れば、その言葉は本心であると同時に、忍耐を持ってお仕事を続けられるのは、喜んでくれる常連さんたちがいるからであろうことは、きっと間違いありません。

酒場っ子メモ　全国から酒場ファンが殺到するような大衆酒場激戦区にあるんだけど、特に有名とかではないお店、すごく好きです。横浜の野毛のあたりにもそういうお店がいっぱいあって、そのすべてにちゃんと常連がいるのがまたいい。

コスパ至上主義はどうかと思うけど、このコスパはすごすぎる

板橋「ＳＨＯＷＡ」

ネガティブな話題で始めてしまって恐縮なんですが、僕、「コスパ」って言葉があんまり好きじゃないんですよ。

コストパフォーマンス。

つまり、「こんなに安いのにこんなにいいものを食べられた」もしくは「こんなにたくさん食べられた」という、できるだけ得をしたいという考え。お店に行った感想、「安かった～」「美味しかった～」でいいところ、「コスパ良かった～」って、なんだか少し下品な感じがしてしまって。や、便利なんすよ、コスパって言葉。だけど、自分はあまり使いたくないなぁっていう、それだけの話です。

はい、ご想像の通り、これからご紹介するのは、そんな僕でも思わず「コスパ最強！　鬼！」

と大声で叫びたくなってしまうお店。

いやむしろ、ここへ行くという行為自体が「コスパ」というゲームだと言っても過言ではありません。どっちかというともう「カタン」とか「モノポリー」とか「マジック：ザ・ギャザリング」とかと同じジャンル。本当すごいんです。ハマります。

では心して、「コスパ」をスタートしましょう！

ことの発端は、趣味の「無目的街歩き」でした。ある時、東京の北区方面をふらふらしていると、とある看板が僕の目に飛び込んできたんです。

「飲み物 食べ物 な～んでも100円 居酒屋」

我が目を疑いましたよ。悪ふざけなんだろうか？ 何か裏があるんだろうか？ 最終的に「とんち」で金をむしりとられるんだろうか？

確かめずにはいられないですよね。その夜、「え～い、どうとでもなれ！」とお店に飛び込んでみたところ、見事に「コスパ」の奥深さ、楽しさにハマってしまったというわけでして。

店名を「ＳＨＯＷＡ」といいます。

場所は北区滝野川。電車で行くならばＪＲの板橋駅、都営三田線の西巣鴨駅、都電荒川線の新庚申塚駅あたりからになりますが、そのどこからも微妙に近くない位置にある、「御代の台 仲通り商店街」のはしのほうに、ポツンと存在しているお店。

夜は静かな商店街なのですが、ここだけは別。営業終了の24時すぎまで、たくさんのお客さんでにぎわいます。

中央に大きなデュエル台（テーブル）があり、プレーヤー（常連さん）たちが楽しげに「コスパ」に興じて（飲んで）いらっしゃいます。壁際に添ってカウンターテーブルと椅子が並んでいて、こっちは初心者席か。

基本セルフサービスで、店の奥まで進むと厨房と受付カウンターがあります。厨房の中はけっこう広いように見えますね。女将さんが忙しく注文を捌《さば》き、若い女性の店員さんがお金などのやりとりを担当。

初めての僕は勝手がわからず、「どうしたらいいのかな……？」なんてドギマギしながら、店内を物色。カウンターの周りには、さまざまな料理のお皿が並べてあります。大きなガラスの冷蔵ケースを覗くと、そこにも、色とりどりの惣菜がずらり。

すべてのメニューに、確かに「100円」と明記されており、実際に目の当たりにすると驚くというか、ちょっと引いてしまうレベル。「しらすおろし」や「厚揚焼」なんかはギリわかるんですが、「イカのホイル焼」ならイカが丸々1匹！　鮭の切身が3切れとその他具材もたっぷり入った、石狩鍋なんてのもありますよ。

さらに衝撃的なのが、僕も大好物の「鮭ハラス」。あのたっぷりと脂がのって、皮目をカリッと焼き上げるとたまんないやつ。大ぶりの身がお皿に5切れずつのって、これまたやっぱり100円です！

これはとんでもないお店に来ちゃったな……。

まだ「コスパ」のルール（お店のシステム……そろそろこのノリ鬱陶しいのでやめましょうか）をよくわかっていない僕は、この中からひとまず「ママの手造り」とあった「ポテトサラダ」、それから、生肉のように見える「焼肉 ハラミ」を手にとり、カウンターに向かってみます。

それらを提出すると、「お飲み物は？」と聞かれ、慌ててメニューに目をやり、ホッピーを注文。するとホッピーの入ったジョッキ、ポテサラ、それから、2枚分ちぎった10枚つづりのチケットを渡してもらえました。ここで支払うのが1000円。

そう、ここは前金で10枚つづり1000円分のチケットを購入し、それを商品と交換していくシステムのお店なんですね。チケットにはミシン目が入っていないので、印刷に沿って雑にビリッと破くんですが、その感じもまた楽しい。ちなみにさっきちぎられた分、なんで3枚じゃなくて2枚なのかというと、焼肉は一度厨房で女将さんが調理してくれるので、できてから交換になるからです。

どうですこのシステム？　俄然燃えてきませんか？　チケットはまるで手持ちのカード。これをいかに有効に使い、自分にとって最高のコストパフォーマンスを叩き出すか!?　ぬるい奴らは「安いね」「うん、安いね」なんつってボーッと飲んでいればいい。しかしオレは違う！　このゲームを制し、この日この店の頂点に立ちたい！

……一瞬でも冷めたら終わりですよ。けど、そうやってのめりこんだほうが絶対楽しいので、ここ。

さぁ、勢いとは裏腹に、控えめに椅子席のはしを陣どり、飲み始めましょう。ホッピーはセットではなく、あらかじめ割ってあるタイプですね。グラスは、一般的な居酒屋の中ジョッキよりは小さめ。100円ならば何の文句もないどころか顔がほころぶ、といったサイズです。グイッとやると、気分も高まります。

そしてポテトサラダがすごい！　ジャガイモをほぼ潰していないゴロゴロタイプなんですが、普通に350円とかで出しているお店でもなかなかお目にかかれない量！　優しい薄味なので、お好みでソースや七味などの卓上調味料を加えてコスパを上げていってもいいでしょう。しかもミニトマト、ブロッコリー、レタス、千切りキャベツ、カニカマまで添えられて、サービス精神が半端ないっす。

しばらくすると、店員さんが「ハラミの方～！」と呼んでくれます。オレだ、ハラミの方。こちらのお店、ほとんどの料理に一手間加えてくれるのが基本となっていて、こういうアナウンスがひっきりなしに響いております。

白い皿にドサッと盛られたハラミ焼。これがちゃんと美味しい。またまた量もたっぷり。このあたりで、自分の中の「100円」の価値観が崩壊し始めます。

「レモンサワー」を追加しても、まだ半分以上チケットが残っている！　たった1000円で抱かせてもらえる、この心の余裕は驚異的ですね。

少し雰囲気にもなじめてきたので、さらに詳しく店内を見て回ってみましょうか。

おでん鍋には、大ぶりのタネがぐつぐつと煮えて、もちろんひとつ１００円。

炒め物や煮物が大皿にのった「バイキングコーナー」もおもしろく、小皿に盛られた見本の横に「この量をとってください」と張り紙が。客任せの裁量に、良心が表れてますよね。

さらにすごいものも見つけましたよ。なんと「０円メニュー」！　やたらとりづらい場所にある大きな瓶にラッキョウがたっぷり漬かっていて、「うまくないらっきょう ０円」と書いてあります。……なんというかもう、ここまでくると、コスパがどうとか言ってる場合じゃなくて、そもそもの常識という概念が狂わされてきますよね。よし、これに手を出すのはやめておこう！

現在の残りチケットは６枚。「殻付き牡蠣」「鯨ベーコン」それから「黒霧島」をロックでお願いします。

牡蠣は氷水の張られた発泡スチロールケースから自分で、なんとふたつ選べます。これを焼き牡蠣にしてもらって、もみじおろしにレモンまで添えられて出てくる。身は小ぶりですが、ぷりぷりと絶品です。クジラベーコンも芋焼酎に合うな。

それにしてもここに来てから、まだ７００円しか使ってないんだな……いや、７００円って！

最後に選んだおつまみが「お好み焼き」だったんですが、これまたすごすぎた。もうどう見ても、あきらかに、バカでかいんですよね。「これ、ひとりで食う量じゃないでしょ……」っていう。普段の自分だったら頼まなかったかもしれない。だって、すでにけっこう苦しいんすもん。だけど思い出してください。今は「コスパ」という真剣勝負の真っ最中。精神状態もかなりアッパーになっています。もはや、考えるよりも勢い重視でカウンターに提出。もちろん心の中で「いっけえぇぇぇぇぇぇ！」と叫びながら。

あらかじめ焼けているのを温めなおしてもらい、ソース、マヨとたっぷりの薬味をのせて完成したそれは、いざ対峙《たいじ》するとなおさらでっかい。目測で、直径15㎝、厚み2・5㎝。しかもすごいのは大きさだけじゃなく、スッと箸で割ると具がゴロゴロ。イカが惜しげもなく入って、カリッと火の通った豚肉がどーんと横たわって、お好み焼きなんて粉とキャベツだけで作って原価を抑えることだって可能でしょうに、こちらが申し訳なくなるくらいに豪華です。

ラスボスとでも呼びたくなるこいつをバクバクとほおばり、残った200円でウーロンハイを2杯。食っては飲み、食っては飲む。辛いのではなく、今まで信じていた常識という概念がぶち壊され、精神が崩壊してしまっていたのでしょう。涙をポロポロ流しながら、最後の最後まで堪能させていただきました。

……戦った。戦いきった。

1000円という手持ちのカードを使いきり、したたかに酔い、およそ明日の夜まではお腹が空かないであろうほどの満腹感を勝ちとり、このコスパというゲームを制した。苦しいが、気分爽快です。

最後に追記。消費税の増額にともない、現在チケットは1100円に値上げされています。つまり厳密に言うと、税込で全品110円均一ということ。が、メニュー表記は今も便宜上、すべて100円となっていますし、そもそもが激安すぎるので、あんまり細かいことを気にせず楽しむのが吉。

酒場っ子メモ　SHOWA に限らず、板橋は本当にディープな店だらけのヤバい町。酒場散策には超おすすめです。

看板娘のヤエさんは、90歳を超えてなお現役

吉祥寺「まるけん食堂」

実家のある大泉学園という駅からバスで1本、自転車でも30分くらいなので、10代の頃から吉祥寺の街にはなじみがありました。

だけどこの、「まるけん食堂」の存在を知ったのはつい最近のこと。

歴史の長い、いわゆる街の定食屋さんなんですが、入ってまず、そのにわかに信じがたい価格の安さに誰もが衝撃を受けることでしょう。そしてお店を出る頃には、値段もさることながらそれ以上に、行くだけで心癒される、その存在自体が奇跡である、超名店だと実感するでしょう。

今現在、なぜこんなにも長い間、まるけんの存在を知らなかったのかと、自分を恥じているほどです。

お店は、吉祥寺の駅から歩くこと8、9分。にぎやかな駅前の喧騒を抜けてたどり着く、静かな住宅街の中にポツンとあります。

とある平日の19時すぎ。まさに夕飯時で、店内は6割の入りといったところ。小さなテーブルが4卓ほどあるだけなので、ひとり客は基本、相席になります。僕は、美味しそうに「レバニライタメ定食」を食べているおじさんの正面に案内していただきました。

とはいえ、行列ができるほどあとが詰まっているとかではないし、きっちりと飲ませてもらいますが。

まずはビールを大瓶で注文。580円で、枝豆の小皿つき。それが、お盆にのってやってくるのが嬉しいんですよね。たとえ相席であっても、お盆で区切られたスペースには自分の世界がある。ひとり晩酌にきっちり集中できる。それがありがたい。

ご主人は見るからに人が良く、常連さんであろうと、僕のような若造であろうと、変わらぬ低姿勢で接客をされています。

ビールを運んできていただいた時も、「ごめんね〜、枝豆ちょっとだけど」なんておっしゃってくれましたが、お通し代をとられてるわけでもないサービス品、申し訳ないのはむしろこっちのほうですよ。けど酒飲みって、そんな心遣い、一言に、グッときてしまうんですよね。

ビールと枝豆で人心地つき、目の前の壁を見上げると、そこには時代に逆行しているとしか思えない価格設定のメニューが並んでいます。「とんかつ定食」が530円、「カツ丼」「カツカレーライス」が600円、一番高級な焼肉定食でも650円！ 50円の「ヤキのり」「生玉子」をはじめ、サイドメニューも豊富。

ただし！ 衝撃的なのはまだまだこれから。ちょっとその横の、手書きのホワイトボードのほうに目をやってみてください。

「コロッケ（2個）」「メンチカツ」「ピーマンイタメ」「生アゲ煮」「生アゲ生姜焼」「冷ヤッコ」「マカロニサラダ」「ナスイタメ」、思わず全部書き出してしまいましたが、このなんとも素朴なおかず類、それぞれにご飯、漬物、味噌汁のついた定食が、なんと420円！

チェーンの牛丼屋じゃなくて、れっきとした個人経営の食堂ですよ？ 一体どんな企業努力をすれば、こんなにも人に優しい価格設定を貫けるんでしょうか……。

「冷ヤッコ定食」「マカロニサラダ定食」なんて、こんなにもテンションの低い文字列はそうそうないぞ、って感じもしますが、人間、年を重ねるにつれ、こういうささやかなもので夕食を済ませたい日も出てくるもんなんですよね。さらに「サバミソ煮定食」「カキフライ定食」といった高級そうなものも、隣の４８０円コーナーに並んでいます。安い。

悩みだすと永遠に出口にたどり着かない迷宮に迷い込んでしまいそうですし、せっかく独特なラインナップの揃うお店。思いっきり振り切ったメニューに挑戦してみたいところです。

というわけでこの日選んだのは、「生アゲ煮定食」。

生アゲ、いわゆる厚揚げ豆腐なんですが、これを甘めにしっとりと煮込んだ、どこまでも心癒される一品。すみからすみまでフワフワと柔らかく、箸で持ち上げるのに難儀するくらいの繊細さ。なんと、90歳を超えてなお現役の看板娘、ヤエさんのお手製です。

ボリュームもあるので、物足りないどころかむしろ満たされる。これ、六本木あたりで10倍の値段で出したら、健康志向の人々が大挙して押し寄せることは間違いないでしょう。

僕、こういったいわゆる「豆腐の仲間」をおかずに白米を食べるのが、大好きなんですよよ。ご

飯の上に冷たい豆腐をそのままのせて、ゴマと麺つゆをかけて食べるオリジナル貧乏料理「豆腐丼」を朝よく食べているくらい。なので、生アゲ煮・オン・ザ・ライスなんて、最上級のごちそう！　また、味噌汁、漬物も良くて、「子供の頃におばあちゃんの家で食べたのがこんな感じだったなぁ」っていう、ちょっとセンチにもなってしまう味。いやぁ、染みます。

ところで看板娘のヤエさん、基本は調理担当なのですが、できた料理をお客さんのもとに運んできてくれたりすることもあります。その姿が矍鑠《かくしゃく》としていて、かつ、若輩者の僕が言うのもなんですが、めちゃくちゃかわいい！　ヤエさんに会うために通われている常連さん、めちゃくちゃいるんだろうなぁ。

さてさて、定食がもう少し残っている状態で、ビールを飲みきってしまいました。「飲むものがなくなっちゃったから」という自分への言い訳とともに、おかわりで「お酒」の冷やをいただこうかな。「おひやもらえ」って話ですけどね。

ならばと、200円の「ハムエッグ」を追加し、残ったご飯の上へ。黄身をちょんと潰したら、そこに醤油を流し込み、白米もろとも口へと運ぶ。すかさずお酒。

いや～……言葉がない。

酒場っ子メモ　酒場の女将さんなんかの年代をこういう文章で言い表す時って実は苦労します。「おばさん」や「おばあさん」ってなんだか失礼な気がするし……だけどあきらかに「お姉さん」じゃないし……。

最近気づいたんですけど、「定食屋飲み」の神髄って、黄身の絡んだ白米をつまみに酒を飲む行為にあるんじゃないですかね？

この日のお会計は１４４０円とじゅうぶん安かったんですが、本当に４２０円だけを握りしめて行っても、お腹も心も満たされる名店。いつまでも、吉祥寺の街にあってほしいなと願います。

酒場ファンの憧れの名店に「もつカレー」を食べに

静岡・清水「金の字 本店」

ある時期から「旅行」の意味が変わりました。

それまでは、温泉に行く、観光地を見て回る、ご当地のうまいものを食べる、というようなごく一般的な目的で出かけ、人並みにその行為が好きでした。が、近年、僕が旅に出る最大の目的といえば、「地元の大衆酒場で飲む」、これに尽きます。家族や友達を付き合わせてしまうことも多く、とても申し訳なく思う反面、どこか地方都市に遠征して、その土地の酒場で飲まないなんて選択肢は、どう考えたってありえないんです！

日本中に名を轟かす大衆酒場の名店は、全国にたくさんあります。北海道の「独酌 三四郎」、仙台の「源氏」、名古屋の「大甚」、京都の「赤垣屋」、沖縄の「おでん 東大」……まだ行ったことのないお店ばかりで、それこそが僕の今後の人生の楽しみでもあるわけです。

そんなお店のひとつが、静岡は清水市にある「金の字」。

僕は静岡の温暖な気候、すごしやすい空気感が大好きで、まとまった休みがあれば、真っ先に旅の候補地に考えてしまうほど。

これは全国どこの地方都市にも共通する点なのですが、再開発のピッチが急速すぎる東京と比べ、昭和的面影を残した街並が随所に残っており、まずこれがたまりません。別に有名な景勝地に行かなくても、市内の宿の周りを気ままに散歩しているだけでじゅうぶん。いやむしろ、それこそが僕にとって何よりの観光なんですよね。

静岡駅周辺なら、「青葉おでん街」もいいですが、市内に点在する駄菓子屋さんで、汁のまっ黒な、いわゆる「静岡おでん」を出しているお店も多い。ちょっとした椅子とテーブル、そして缶ビールや缶チューハイくらいが置いてあって、子供たちが駄菓子を物色する横でつつましく、おでんをつまみに一杯、なんてことができます。例えば「浅間《せんげん》神社」の門前にある「範子のおでん」なんて、まさにな雰囲気で最高。

静岡県は東の「熱海」から西の「浜松」までめちゃくちゃ横長なんですが、中ほどにある静岡駅より少しだけ関東寄りにあるのが清水駅。

清水と聞いて誰もが思い浮かべるのが、「次郎長親分」「ちびまる子ちゃん」「清水港」で間違いないですよね？　そう、清水は港町。海沿いの「清水魚市場 河岸の市」へ行けば、所狭しと並ぶ新鮮な魚介類を見て回るだけでも楽しく、併設された食堂では、新鮮な海の幸をやれ刺身だ、天ぷらだ、煮つけだとさまざまに調理して提供してくれます。

この河岸の市の中、そして静岡市を中心に数店舗チェーン展開する「のっけ家」という海鮮丼屋があって、向こうへ着くとまずそこでお昼ご飯を食べるのが定番。チェーン店と侮るなかれ。焼津港直送のマグロはうっとりするほどに美味しく、盛りも豪快。しかも僕が一番好きな「ねぎとろ温泉玉子丼」なら、なんと８００円そこそこで食べられてしまうんです！　こういうものを味わってしまうと、東京に比べて食材に恵まれた土地の底力に圧倒されてしまいますね。

居酒屋のレベルだって言わずもがな。ちょっとした酒場で出てくるお通しのあまりの美味しさに言葉を失ってしまうような体験は日常茶飯事です。

前置きが長くなりましたが、ここで「金の字」の登場。

金の字は、近県の、いや、全国の酒飲みが一度は足を運びたいと憧れる、静岡を代表する大衆

酒場っ子メモ　「いつか移住するなら静岡がいいなぁ」なんて、割と本気で思うんですよね。まだ行けてない関東の名酒場が無数にあるので、もう少し先のことになりそうですが。

酒場。名物は「もつカレー煮込」。これ、たっぷりのカレーソースが入った大鍋で串に刺したもつをグツグツと煮込んだ、このお店発祥のオリジナルメニュー。それが今や界隈の酒場の定番料理となり、駅のおみやげコーナーに缶詰までもが売られているという、清水自体の名物料理となっています。

大変な人気店で、大事をとってオープン10分前にはお店に到着し、「良かった、誰も並んでないぞ」とひと安心して暖簾《のれん》をくぐってみると、すでにほぼ満席！　という僕の体験もさして珍しくはないよう。

厨房の真ん中にどーんと鎮座する大鍋には、いわゆる和風の具なしカレーがたっぷり。そこに「一体どうやって？」ってほど丁寧に下ごしらえされ、臭みをとり除かれたもつ串が、無数に刺さっています。とはいえ、持ち帰り注文にも対応しており、地元の方がふらりと立ち寄って「30本！」なんて感じで買って帰られるので、お客としては気が気じゃない。確実にありつき

たいなら、少なくとも開店時間には席を確保して、さっさとほしいだけ注文するのが吉です。
オーソドックスな和風カレーでありながら、スパイス感、コクと甘味、さらに味を引き締めるほのかな苦味も感じる奥深い味わい。フワッとしていつつも適度な歯ごたえもあるもつとのハーモニーは、噂に違《たが》わぬ美味です。味にしつこさがないので、ひとり5本10本はツルッといけちゃいそう。ちなみに、十数年前に初めて伺った時が1本80円。現在は150円で提供されているよう。それでもじゅうぶんリーズナブルですね。

もつカレーのインパクトが大きすぎるお店ですが、串焼きや一品料理も揃う大衆酒場。中でもお値段1500円と、お店では最も高級な「ポーク焼」も、頼んでみれば納得の逸品。ぶ厚く切られたポークソテーの上でとろけるバターから漂う芳香。添えられたセロリの浅漬けが口をリフレッシュさせてくれ、かなりのボリュームながら、飽きずに最後まで楽しめます。

〝裏〟鎌倉で立ち飲みハシゴ酒

神奈川・鎌倉「ヒグラシ文庫」

「貴様ごときが生意気だ」

そう言われるに違いないとは思うんですが、鎌倉や湘南が大好きなんです。

なんと言っても東京方面からのアクセスの良さ！　湘南新宿ラインを利用すれば、僕が最もよく利用するターミナル駅である池袋から鎌倉への所要時間、約1時間。運賃も片道1000円弱。あらためて、気軽に行けすぎでしょ、この距離。日帰りだって余裕です。

それでいてなんですか？　山があり、海があり、江ノ島があり、八幡様があり、大仏様があり……。とにかくこれでもかってほどの観光地。東京近郊から見て、ここまで気軽に、あからさまな観光気分を味わえる場所は他にないと思います。

ただ、観光地って夜は早いイメージがありますよね？　鎌倉いちのメインストリート、「小町通り」も、昼間は前に進むのがやっとの人出で大にぎわいになるけれど、日が暮れると一変、潮が引いたように観光客の姿が消え、薄暗く閑散とした雰囲気に。そうなると気軽にふらっと飲めるお店を見つけるのもひと苦労です。

が、もちろんそういう飲み屋がまったくないわけではなく、地元民から長年愛されている渋い酒場だってちゃんと存在します。さらに近年は、シーンに新しい盛り上がりも見られ、東京下町にだって負けない大衆的な酒場が続々オープン。なんなら、先に挙げたようなメジャースポットを無視した「立ち飲みハシゴ酒ツアー」だって可能なんですよ。

僕が鎌倉へ行くとまず立ち寄るのは、にぎやかな東口とは逆の西口にある、「御成《おなり》通り」。その中の「高崎屋本店」という酒屋さん、実は裏手に広さ2畳くらいの角打ちスペースがあるんです。この、創業から70年以上という歴史ある店内で、真昼間から飲むお酒のうまいことといったら！

同じく明るいうちから、というか、信じられないことに朝の6時から飲めてしまうのが、なんと大正13年創業の「あさくさ食堂」。あまりにも渋すぎる正統派の食堂で、おつまみやお酒も種類豊富。３８０円の「朝食セット」に、名物の「釜あげしらす」をプラスして、朝から一杯。そのまま「由比ヶ浜海岸」まで散歩する休日なんて、考えただけで胸がときめいちゃいませんか？

東口ならば、駅からすぐのレトロな穴場「丸七商店街」にある立ち飲み屋「天昇」が最も正統派の大衆酒場といえるかもしれません。旬の食材を使った美味しいつまみを安価で提供し、連日年季の入った常連さんたちで大盛況。

そして僕が、鎌倉観光の拠点とすら思っているのが、小町通りを鶴岡八幡宮方面に5分ほど歩いたあたりの裏道にある「大谷ビル」。パッと見ごく普通の小さな雑居ビルなんですが、ここの2階になぜか、良い立ち飲み屋が揃ってるんですよね〜。

評判の生パスタ専門店「ルシャカ」は、木、金、土の18時以降のみ、立ち飲み「釈迦」として営業するというありがた〜いお店。イタリアンをベースにしながらも遊び心のあるつまみが豊富で、明るい雰囲気も魅力的。

「元タカラジェンヌ」との噂もある大谷ビルのマドンナ、真理子ママが営む「テンスケ」は、家庭的なおつまみと13種のオリジナルハイボール、そして何より、底抜けに明るいママのキャラクターが魅力。

そしてそして！　このあたり一帯が現在のような盛り上がりを見せている立役者ともいえるの

が、ちょっと変わった店名の立ち飲み屋「ヒグラシ文庫」。

オーナーの中原さんは、長く舞踏や演劇の世界にたずさわってきた、さまざまな文化に精通する粋人。2011年の東日本大震災をきっかけに、「鎌倉にも何かコミュニティーになる場所が必要だ」と感じ、その翌月にはこのお店をオープンさせてしまったというんだからすごい。

店名の通り、独自にセレクトされたたくさんの本が並び、購入も可能。大船にも系列店があって、精力的に音楽イベントなども開かれている、ちょっとおもしろいお店であります。

初めておじゃましたのは、初夏のある日。まだ日も高い開店直後、16時すぎでした。

黒木のカウンター10席分ほどの店内には、静かに飲まれる紳士がひとり。BGMはしっとりとした女性ボーカルのピアノ曲。お店にもゆかりのある浜田真理子さんというシンガーのアルバムらしく、それが心地良い空間となじんで、ちょっとどうかと思うくらい素敵な雰囲気。

メニューはその日厨房を仕切る店員さんによっても変わるそうなんですが、おつまみがなんと100円から、50円刻みで、最高でも「刺身三点盛り」の350円。鎌倉のハイソなイメージを根底からくつがえす安さです。

飲み物は、400円の「正統レモンサワー」から始めましょうか。こちら、キンミヤ焼酎をちょっと濃いめに強炭酸で割り、生レモンを加えた、中原さん考案の一杯。鮮烈なレモンの風味と炭酸の刺激が、なんだか姿勢を正したくなるような美味しさです。

ちなみに、この時点ですでに、次に頼もうと決めているのが、「まかないレモンサワー」。これは「正統」よりも炭酸水の量が減り、値段も350円と割安ながら、必然的にアルコール度数は高くなるという、ハマると危険なメニュー。だけど、ここに来たら飲んで帰らないわけにはいかないんですよねぇ。

おつまみに、その組み合わせからして目を引く「トンブリ・コンビーフ珍味」を。マヨベースで、刻まれた玉ねぎとトンブリ、コンビーフが和えてあるようですが、その組み合わせから想像するよりずっと上品な味わい。添えられたクラッカーにのせて食べると、気分は立食パーティー。料理人の方って、どうやってこういう組み合わせを思いつくんですかね？　その探求心には頭が下がるばかりです。

お次は「イワシ酢〆お刺身」。魚介類は海が近いというだけで美味しく感じられるものですが、淡〜い締め加減の、よく脂がのってトロリと甘いイワシは、実際めちゃくちゃうまい。

気づけば先客が帰られ、貸し切り状態の店内は、開け放たれた窓の外から反射する強烈な西日

酒場っ子メモ　他に鎌倉で好きなのが「はま善」という小さなイワシ料理屋さん。映画『シン・ゴジラ』（2016年）でスクリーンにでっかく映った時は大興奮しました。無論そのあと、ぶっ壊されてましたが。

に照らされてまぶしいほど。そこに佇んで飲んでいるだけでも涙が出てきそうになる、不思議な神々しさすら感じます。もちろん夜が深まるにつれ、連日満員御礼となる人気店なんですが、この静かな時間もまた、ヒグラシ文庫の魅力のひとつに違いないでしょう。

まだこの空間を去るのが名残り惜しく、日本酒を追加。つまみに「春キャベツ浅漬 桜花入」を注文すると、桜の花の塩漬けが一輪のったキャベツの浅漬けがコトリと目の前に。

酒飲みをやっていると、時にこういう「できすぎじゃない?」ってほど美しいシチュエーションに出くわすことがありますよね。そんな時、きっとはたから見ると恥ずかしいくらい、自分の世界に浸りきった、生意気な顔をしてるんだろうなぁ、自分。

こんなところにも名店があるのが「野毛」のすごさ

神奈川・桜木町「石松」

近年、「野毛飲み」が人気で、雑誌やＴＶなどで特集を目にする機会も増えています。「野毛」とは、神奈川県横浜市にある「野毛町」界隈の繁華街のこと。その歴史は江戸時代にまでさかのぼり、東海道と横浜港を結ぶ交通の要として発展。戦後は「野毛に行けば何でも手に入る」と言われるほど大きな闇市のマーケットが形成されたそうです。

そういう歴史ある街なので、古くから続くお店も多い。近年は大衆酒場人気の高まりとともに、ひと昔前までちょっと怪しいイメージがあったこの街に、若い世代の酒好きたちもたくさん押し寄せています。となると当然、新しくオープンする個性的なお店も続出。結果、集まる人もお店も老若男女入り混じり、街全体に酔客たちの笑い声が溢れる、酒飲みのテーマパークと化しているわけなんですね。

野毛のランドマークといえば、「都橋《みやこばし》商店街」。

商店街といいつつ、小さな飲食店が密集する2階建てのひとつの建物で、大岡川に沿って湾曲した、横長の形状がすごく特徴的。眺めるだけでも価値のあるスポットといえるでしょう。

ちなみにここ、前回の東京オリンピックが開催された1964年に、街の景観を整えるため、周囲のお店をわーっと詰め込むために建てられたんだそう。2020年のオリンピックに向けて急速な再開発が進み、味わいある商店街や横丁が次々と失われてゆく東京をもどかしい想いで見つめるしかない昨今、一方でこのような成り立ちの建物が、ディープな昭和遺産となっているのは皮肉なことだなぁと、来るたびに考えさせられたりもします。

都橋商店街の2階には、かの有名な「ホッピー仙人」があります。店主である通称「仙人」が、白、黒、瓶、生を使って注ぎ分けるホッピーは、「これ、本当に普通のホッピー!?」と驚かされること間違いなし。特に、瓶ホッピーでなめらかな泡を発生させるオリジナル技「トルネード注ぎ」は、一見の価値ありです。

1階には「コッコ堂」。〝野毛のマドンナ〟と呼ばれる女性オーナー、なっちゃんの焼く焼鳥が絶品で、若いファンを中心に、時間帯によってはお店の外まで人が溢れ出すほどのにぎわいを見

酒場っ子メモ　初めてひとりで野毛で飲んだ時、かの有名な「福田フライ」に、そうとは気づかずふらりと入って、冷やしトマトとチューハイだけ頼んで帰ったことがありました。本当にてきとうなんすよね、僕……。

せています。

野毛の街に目を向けると、汁なしの中華麺にニンニクをたっぷり効かせて食べる裏メニュー「パタン」が有名な「第一亭」、これまたニンニクたっぷりの〝辛口〟串揚げが中毒になる「福田フライ」、午前中から飲めて「チンチンラーメン」を始めとした突っ込みどころ満載のメニューが楽しい中華の「三陽」、野毛の歴史を体現するようなバー「山荘」などなど、名店がいくらでも。そりゃあブームにもなるよなぁ、っていう、まさにハシゴ酒天国。


さて、本題。

実は今回ご紹介したいお店、「石松」があるのは、ぜ〜んぜんそんな中心街じゃありません。

このあたりって実は、「野毛」という駅があるわけじゃなく、京急本線の日の出町駅、JR根岸線の桜木町駅あたりが最寄りということになるんですが、僕がよく使う桜木町の駅から街へ出るには、「野毛ちかみち」という地下道が便利。途中には、直結で行ける「ぴおシティ」という商業ビルへの入り口もあり、そのビルの中にある立ち飲み屋さんなんです。

ここがなんとも心安らぐ、そして驚くほど美味しいおつまみが揃った、個人的に、野毛に来たら必ず寄りたい一軒なんですよね。

「ぴおシティ」が完成したのは昭和43年だそうで、「新橋駅前ビル」「中野ブロードウェイ」「大阪駅前ビル」などにも通じるような、ディープな昭和感がたまりません。飲食店やゲームセンター、食料品や生活雑貨のお店などが軒を連ね、どこを見てもレトロな味わい。

石松は、平日ならお昼の12時から、土日は10時からという早い時間から営業しており、僕が初めておじゃましたのも、そのくらいの頃合いでした。ピークタイムはいつでも大盛況で、それを証明するように、あらかじめサワー類用の焼酎、つまり「ナカ」だけが注がれたグラスが棚にずらりと並んでおり、それが静かな臨戦態勢という感じでかっこいい。

テキパキと仕事をこなすご主人や女将さんも素敵なんですが、この時のカウンター内には、店員のお姉さんがひとり。お客は僕ひとり。

お姉さんが「寒いですね〜」なんて言いながら、電気ポットの蓋のあたりをさすっていて、その光景がなんだかたまらなくて、石松の魅力にノックアウトされてしまったといっても過言ではありません。

チューハイが350円という正真正銘の大衆立ち飲み価格。日替わりのボードには魅力的な鮮魚メニューがずらりと並びます。

ひとまず大好物の「カンパチ刺」をいただいてみると、驚くほど新鮮で盛りもいい！　この一品だけで、「あ、ここ、ものすごい店だ」って、誰もが気づくレベルです。

お姉さんに、「料理の写真を撮ってもいいですか？」と伺うと、その時はよっぽどヒマだったのか、「いいですよ。あ、良かったらこっちからも撮りましょうか？」と、店員さん側からの目線で、飲んでいる僕の写真を撮ってもらうという、よく考えると珍しい体験をさせてもらったのも嬉しかったなぁ。

しばらくすると、常連さんであろうご老人がひとり、僕の隣にやってきました。ここでまた衝撃を受けたのが、その方の注文。慣れた口調で、「冷と奴」。

冷奴の単品を頼んだわけじゃないですよ。冷酒と冷奴。こ

の組み合わせ、たった3文字で注文できるんだ！　今はまだ午前中、しかも季節は冬。とにかく自分の中で崩せない、「ここに来たらこれ」という、信念のような品があるのでしょう。だらだらと飲んでいた僕の横で、ものの5分ほどでそれらを平らげ、お会計をして去っていかれました。もはや達人、仙人の域。自分もいつかはああいった境地にたどり着けるのかな？　いや、根がいやしいからむりだろうなぁ……。

それ以降、石松は、野毛に行くたびについ寄ってしまうお店になったんですが、中でも印象に残っているメニューが「血合い唐あげ」。

よくスーパーの鮮魚売り場のすみっこに売ってる、マグロのアラ、血合いの部分も混じったやつ。僕、あれが大好きで、美味しいのに激安なんでよく買って、ニンニク醤油でソテーにして食べたりするんですが、お店でメニューにあるのは初めて見たかもしれません。つまり、プロが腕をふるったマグロのアラを食べられるということ。これがも～！　竜田揚げ風にサクッと揚がった衣と、ジューシーで迫力のあるマグロの旨味が、とんでもない絶品！　あ～、思い出したら今すぐ食べたくなってきたぞ……って、やっぱりどこまでもいやしいですね、自分。

名店だらけの中心街はもちろん素晴らしいんですが、そこにたどり着く途中にも、さらっとこんなディープなお店がある。野毛って本当に、おそろしい街ですよね。

横丁で狸に化かされ豚三昧

神奈川・横浜「豚の味珍」

横浜で大衆的な飲み屋街というと、圧倒的に有名なのは野毛ということになりますが、それ以外にも幅広い文化や歴史を持ち、地域ごとにまったく違った表情を見せる、広い広いエリア。良い酒場は無数に存在します。

例えば横浜駅。周囲はすっかり再開発され、近代的で整然とした街並が広がっている西口の一角に、ぽっかりと時代にとり残されたような小さな横丁があります。それが「狸小路《たぬきこうじ》」。巨大なビルに周囲を囲まれ、年季の入った建物が並び、所狭しと飲み屋の看板が並ぶ様は、まるで映画のセットのよう。この中にある僕の大好きなお店が、「豚の味珍《まいちん》」。

店名からわかる通り、メイン食材は、豚。

ちなみに味珍を逆から読むと、珍味。豚は豚でもちょっと珍しい部位がいろいろと揃っているのも、名前の通りです。

香港映画を思わせるような看板には「頭脚耳尾肚舌」とあり、それぞれわかりやすく説明すると、

頭↓カシラ肉のこと
脚↓豚足
耳↓ミミ
尾↓しっぽ
肚↓訓読みで「はら」、胃袋のこと
舌↓タン

ということになります。これらの部位を同じ醤油味でシンプルに煮込んだ6種が、こちらのメイン料理。注文は、食べたい部位を伝えるのが基本。

2階にはテーブル席もありますが、扉を開けてカウンターまで半歩くらいしか余裕のない1階席は、より味わい深いです。「く」の字のカウンターは、約10席。その中に大将がひとり。物腰柔らか、かつ親切で、お店のディープな雰囲気に押され気味な一見客でも、少しお話しをすれば、

すぐに緊張が解けることでしょう。

お茶割りを飲みたければ、「焼酎」と「お茶」を注文。すると、受け皿にのった下町スタイルのグラス焼酎と、氷の入ったコップ、そして、ミニ缶のお茶がそのまま出てきます。なみなみ注がれた焼酎をこぼさないようにコップに移し、お茶で割る。その工程がすでに楽しい。

常連さんは焼酎のことを「やかん」と呼ぶのですが、これは、カウンター上にあるやかんからグラスに向けて、大将がツーッと注いでくれるから。アラビアンナイトの世界に出てきそうな優雅な形をしていて、こういった細部を観察し、喜びながら、ゆったりと飲むのは、個人経営の酒場の大きな喜びのひとつでしょう。

先ほどあげた豚料理の他に、「くらげサラダ」「皮蛋《ピータン》」「辣白菜《ラーパーツァイ》（白菜の漬物）」など、ちょっとしたおつまみメニューもいくつかあります。特に、豚の部位を吟味する間のつなぎとして、「腐乳」はおすすめ。

沖縄の「豆腐よう」に似た（正確には豆腐ようの起源が腐乳）、中国の発酵豆腐で、箸の先でチビチビとって口に運ぶと濃厚な旨味が広がり、まぁ、これを舐めていれば延々と酒が飲めるといった類の物体です。それ自体にお酒っぽさ、それからどこか花のような香りも感じられ、臭みがそれほど強いものでもなく、発酵系が苦手でなければ、とても気に入ると思います。

そうこうしているうちに、脳内のメニュー吟味が完了しました。メインの豚、今日は「胃」と「尾」あたりをいってみましょうか。ここの豚料理は、すべて720円均一。ちょっと高いようにも感じますが、一皿の量が多いので、僕の場合、ひとりだと2皿が限界なんですよね。欲張って「あれもこれも」と頼むと、大変なことになるので要注意。

届く間に、他のお客さんの作法にのっとって、小皿にカラシ、酢を入れてガーッとかき混ぜ、基本となるタレを調合しておきましょう。

ほどなくして、まずは「尾」が到着。直径3㎝くらいの、見るからに豚のしっぽの輪切り。それが、真っ黒く煮込まれています。

ゼラチン質全開で、豚足の柔らかい部分にも近い食感。口に入れるとネットリとした脂の甘みが広がり、シンプルな醤油味が素材本来の味を引き立てています。これが先ほどの「カラシ酢」とものすごく合う！　いや〜、酒が進んでしょうがないぞ、こりゃ。

焼酎をおかわりし、今度は、カウンター上の「梅エキス」を数滴。いわゆる、下町風の焼酎梅割りですね。ほんのりと色づいたこいつをちびりちびり。ふわっとした酔いがやってきた頃に、

酒場っ子メモ　東京・西荻窪にある「珍味亭」も、ここととよく似たスタイルのお店。台湾料理がルーツだそうですが、その歴史や関係性をたどってみるのもおもしろそう。

「胃」も到着。

これがまた大好きで。胃、つまり、もつ焼きでいうところの「ガツ」ですが、煮込まれた肉自体が、きれいな三層になっています。ガツ刺しを思わせる歯ごたえのある層、トロッと甘い脂の層、柔らかな肉の層。そのハーモニーたるや、芸術的。

調合したタレに醬油やラー油などをお好みで足してもいいし、なんなら、残っている腐乳を肉にちょっとのせて食べても恍惚となります。

シンプルな素材と味つけだからこそ、バリエーション豊かに味わえ、それが楽しすぎる。

ゆっくりと残りのお酒を飲み干して1時間弱。このくらいで、「次に来た時は何を食べようかなぁ」なんて考えながら引き上げるのが、ここではちょうど良い気がします。

一歩横丁を出るとそこは横浜の街。

ほろ酔いも手伝い、「自分はさっきまで、狸に化かされていたんじゃないだろうか？」なんて、想像を膨らませる帰り道もまた、楽しいもんです。

前橋で出会った優しい女将さんと、まぼろしのウイスキー

群馬・中央前橋「由多加」

ご存知ない方も多いと思うんですが、僕って、一応ミュージシャンでもあるんですよ。DJをしたり、曲を作ってライブをしたりといった活動をもう20年近くも続けています。まぁそちら、一向に芽が出ないんですけどね。先日、そんな音楽方面のオファーをいただいて、生まれて初めて、群馬県の前橋という街を訪れました。

どこだってお誘いをいただければ嬉しいんですが、それが初めての土地ともなると、ワクワクも倍増するってもの。なんたって、空いた時間に未知の街を探索し、あわよくば酒場に飛び込めるかもしれないんだから！

前橋へは、よく利用する池袋駅から湘南新宿ラインで、うまくいけば乗り換えなしで約2時間。

「案外近いな、これは今後来る機会も増えることになるぞ……」なんてボーッと考えていたら、あっという間に着いてしまいました。

うお～、なじみのない土地！　駅を出て、その空気を吸うだけで興奮する！

イベントは深夜で、現在時刻は20時を回った頃。会場入りまでにはまだ少し時間があるので、街を散策し、あわよくば目についたお店で軽く喉を潤しておきたいところ。周辺は、前橋駅よりも、上毛電鉄上毛線の中央前橋駅に近く、地元の方が「街」と呼ぶ繁華街がこの一帯だそうです。「街」か、たまらない響きだ……。

けっこうな広さの繁華街で、古い味わいがそこここに感じられ、歩いているだけでも相当に楽しいです。その上、まだ入ったことのない酒場が無限にある！「ここも行きたい」「あっちも気になる」と、迫りくる「良さそう」の洪水に溺れそうになるほど。

そんな中、あたり一帯の中で、ここそが最も渋い酒場なんじゃないか？　という一軒に目が止まりました。アーケード街にあり、情報は白い暖簾にある店名のみ。間口二間ほどのこぢんまりとしたお店です。

「よし、せっかくの知らない街、勇気を出して入ってみよう」と、年季の入ったくもりガラスのはまった引き戸をカラリと開けると、カウンターのみの店内で数人の常連さんが飲まれており、空席がポツポツ。「ひとりなんですが」と告げると、店内全体から「え？　何この子？」的空気がざわめき立ち、すぐに「ごめんなさいね〜、今日はちょっと……」と断られてしまいました。

どういうことか？　あとからこのあたりの酒場事情に詳しい方に聞いたところ、やはり「一見さんお断り」のお店だったようで。大衆酒場の甘くない一面を垣間見れたというマゾヒスティックな喜びを感じつつ、あらためて初心に帰れたような気がして、切なくも嬉しい思い出となりました。

とはいえ、そろそろ居酒屋に寄って一杯という時間の余裕はなくなってきた。こうなれば緊急手段。コンビニに飛び込み、街角の素敵なベンチをお借りして、静かに缶チューハイをゴクリ。知らない土地に来て、とりあえず街の片すみで缶チューハイのひと缶も飲んだりすると、強制的に心身が空気になじんでいくような感覚になるものです。それまでよそ者感覚でソワソワしていたのが「別にいいだろ、俺がここにいたって」と思えてくるというか。そもそも、別にいいんですけどね。

僕はこの行為を密かに「街に対する精神的マウント」と呼んでいます。

イベント自体のことについては割愛しますが、群馬にもこういった、独自のシーンがあるんだ！と嬉しくなってしまうような、素晴らしい内容でした。

僕の出演も無事終わり、フロアで地元の方々と挨拶などをさせてもらっている中で知り合ったのが、岡さんという方。スーツに蝶ネクタイ、ツーブロックの髪をビシッとオールバックに決めた、オシャレボーイ。

この方がかなりの酒場通らしく、「地元の方が普段使いしてるような大衆酒場に興味があるんですよ」なんてお話をしたら「良かったらちょっとご一緒しませんか？」と嬉しいご提案をしてくださいました。それは願ってもないこと！　朝まで続くパーティーを少しだけ抜け出し、岡さんエスコートのもと、いよいよ前橋のディープゾーンに突入することに。

先ほどくまなく散策しつくしたと思っていた前橋の街ですが、とんでもなかった。岡さん先導で、くねくね伸びるアーケードをズンズン進むと、たまらなく怪しい雰囲気を漂わせる横丁、「呑龍飲食店街」に到着。「どんりゅういんしょくてんがい」と読むのかな？　入り口に立つアーチが、異世界への通用口にしか見えません。

さすが事情通。こんな場所、とてもひとりではたどり着けないですよ……。

この日は、中でも岡さんのおすすめだという「由多加《ゆたか》」というお店におじゃますることに。ドキドキワクワクしながら入店すると、店内はカウンター数席に、テーブルがひとつある小上がりのみの、こぢんまりとした作り。ほわっと暖かい空気が、緊張で少しこわばっていた気持ちをときほぐしてくれます。

まずは瓶ビールをお願いし、のんびりといただいていると、お店をひとりで切り盛りされる女将さんが、「はい」と出してくださったのが「けんちん汁」。どうやらおつまみは、お客さんの様子や腹具合を見ながら自動的に出てくるシステムのようですね。

それぞれの具材から旨味がたっぷりと染み出た優しい味わいの汁に、ふわりと柚子が香り、ものすご～く、うまい！　先ほどまで孤独に街を徘徊し、一見お断りのお店にふられていたこともあったので、このけんちん汁を一口飲んだ瞬間、心の中で「報われた……」とつぶやいてしまいましたよ。

続いて「厚揚げ」、殻つきの「落花生」、野性味あふれる「プチトマト」、「鮭の燻製塩焼き」、「漬物の盛り合わせ」と、出てくる出てくる。どれもこれも本当に美味しく、ひと口ひと口、しっかりと噛み締めて味わいたいような料理の数々が。これぞ本当の「土地の味」だよなぁ、なんて思いながら、じっくり味わいます。

もちろん店自体の雰囲気も素晴らしい。

目の前の壁一面には、年季の入った食器棚があり、並べられたグラスひとつひとつを飽きずに眺めていられる。換気扇のスイッチひとつとっても年代物でかっこよく、「これは○○なのよ」なんて説明してくださる女将さんとの話も弾みます。

中でも珍しかったのが、見慣れない小さなお酒の瓶。

「おもしろいですね」と見せてもらうと、どうやらサントリーのウイスキー「レッド」のようですが、コロンとしたかわいらしい形に「赤ちょうちん」と書かれたおもしろいボトル。

聞けば、ずっと前にお客さんがお土産として持ってきてくれたものだそう。あとから調べてみたところ、1980年代中頃にのみ売られていた商品らしく、間違いなくその当時からここに置いてあったデッドストックでしょう。1992年に廃止されたお酒の等級制度ですが、この瓶にはしっかりと「2級」の文字が入っています。

　棚にはこの小さなボトルが3本。うち1本は空いていて、中身が入っているのは2本だけだったんですが、女将さん、サラッと「よかったら飲んでみる?」なんてご提案をしてくださいます。

　いやいやいやいや！　こんな歴史が刻まれたお酒、ふらっとやってきた一見の僕などが飲むわけにはいきません！

　丁重にお断りするも、少し経つと「さっきのあれ、飲んでみたら?　いいのよ、飲みたい人が飲めば」と、またまたすすめていただきました。そんなやりとりが何度かあったのち、岡さんも「パリッコさん、これはいい機会かもしれないですよ」と背中を押してくれて、ついに「では、せっかくなので」という流れに。恐縮すぎます……。

　カチッと金属製のプルトップを外し、小さなグラスへと注ぐと、なんだかものすごい神々しさ！

　慎重に慎重に、まずはひと口。

サントリーのレッドといえば、いわゆる大衆酒であり、基本そこまで深みのあるものではなく、水割りやソーダ割りなどで飲むのが一般的かと思います。ところが、この「赤ちょうちん」はストレートでしっかりうまい！　まったりとしていて、クセやトゲトゲしい感じは一切ありません。

ウイスキーって、ワインのようにボトルではなく、樽で熟成させるお酒なので、このひと瓶がどのような味の変化を経てきたのかはわかりませんが、約30年もの間、こんなに良い酒場の空気を吸って、その歴史をずっと見守ってきたお酒。言葉では説明できないさまざまな要素が複雑に絡み合った味なんじゃないかな？　なんて想像しながら、じっくりじっくり、飲み干しました。

いやぁ、またしても酒場の神様の存在を意識させられるような、自分の酒史に深く刻まれるような、重厚な一杯をいただいてしまったな……。

最後にお会計をお願いすると、女将さん「じゃあ1000円ずつね」と。

え？　えっと……どう考えても安すぎるっていうか、ぜんぜん計算が合わないんですけど。そうお伝えしても「いいのよ、そのくらいよ」という女将さんに、なんとかひとり2000円ずつだけ受けとってもらって、お店をあとに。

いや〜、何もかもが異次元の素晴らしさでした。こうやって自分にとって好きな街が増えてい

酒場っ子メモ　このお店に案内してくれた、岡正己さん。その後なんと、前橋市の市議会議員になられました。

くのって、本当に嬉しいことですよね。ありがたい出会いに心から感謝。

ちなみに、「赤ちょうちん」の空き瓶ですが、なんと、「そんなに気に入ったなら持ってって」と、お土産にいただいてしまいました。無論、今でも大切に、家の酒グッズ棚にしっかりと飾ってあります。

大阪で一番好きな大衆酒場の名物は「キムチ天」

大阪・天満「但馬屋」

実は、数年前まで、大阪が苦手でした。

明確な理由があります。

あれは今から10年以上前、生まれて初めて関西のライブイベントへの出演オファーをいただき、大阪に遠征したことがありました。それまでも、修学旅行や社員旅行などで関西方面へちらりと寄らせてもらったことはあったんですが、大阪に宿をとってガッツリとすごすのはこの時が初めて。「標準語で喋ってたらいじわるされるんじゃないか?」というばかげた不安と、「どんな街なんだろう?」という大きなワクワクとともに、大阪を訪れました。

会場のライブハウスへ友達数人と向かう途中、慣れない土地ゆえ道に迷ってしまい、当時はスマホもなかったので、近くにいた同年代くらいのお兄ちゃんに「このライブハウスへ行きたいんですけど……」と聞いてみると、気さくに「あ、それならあっちのほうやで～」と教えてもらうことができました。な～んだ、大阪の人、いい人じゃん！　ビビることなかったじゃん！

……歩くこと数分、一向にライブハウスへたどり着く気配がなく、いったんコンビニに入ってよ～く地図を見直してみたところ……方向、真逆だったんですよね……。

今となっては、そのお兄ちゃんが本当に間違えていたのか、ちょっとしたいたずら心を発揮したのか、確かめる術はありません。しかし、その時は思ってしまった！「やっぱ標準語……いじわるされるんだな……」って。

苦手意識を持ったまま数年、再び大阪へ訪れる機会もなくすごしていた僕に、転機が訪れました。僕とは「酒の穴」という、酒を飲むだけのユニットを組んでいるほど、飲みの感覚が合う友達、スズキナオさんが、家庭の事情で大阪に引っ越されることになってしまったんです。「え？　つい最近まで、西武線沿線で気軽に飲んでたのに、急に関西に？　しかも大阪!?」かなりショックな出来事だったんですが、決まってしまったのなら考え方を変えるしかありません。東京も大阪も地続きなことに間違いはないし、「日本」とくくってしまえば住んでいるところは同じ。そう、関東だ関西だと線を引いて考えなきゃいいんだ！　と。

ナオさんも根っからの江戸っ子で、なじみのない土地に移り住むことに不安もあったようです。が、しばらく経ってから話を聞くと、大阪にもいろいろな表情があり、のんびりと時間の流れているような下町の人たちはみんな親切で、とても居心地がいいと教えてくれました。

俄然大阪に興味が湧いてきた僕。そもそも、あの「いじわる事件」だけですべてを判断してしまうのは間違っているんじゃないか？　それに、大阪には東京にも増して、良い大衆酒場がザクザクとありそうだし。

これをきっかけに度々関西を訪れるようになった僕は、今や大阪に移住したいとすら思っています。

出会った人たちも、街の雰囲気も、そして何より、星の数ほどある大衆酒場も、何もかもが最高すぎる！

そうか、あのいじわる兄ちゃんは、「自分」だったんだ。大阪という街に対し、警戒心バリバリで心を開こうとしない自分を映す鏡だったんだ。

長いこと、もっと早くに打ち解けられたかもしれない時間を無駄にしてしまった。が、焦ることはない。なぜならこれから、まだほんの一部しか知らない大阪の街をピュアな目で探索するという、大きな楽しみが残されているんだから！

前置きが長くなりました。そんな大阪という街において、現時点で僕が一番好きな大衆酒場が、「但馬屋《たじまや》」というお店。ここが、居心地の良さ、大阪らしいエンターテイメント性、店員さんの人がら、すべてのバランスが完璧な、超名店なんですよね〜。

ある時、僕、ナオさん、そして漫画家のラズウェル細木先生というメンバーで、昼間っから大阪の大衆酒場を飲み歩くツアーを敢行することになりました。

「明日は何時から飲みましょうか？」

そう、このメンバーで「日中はどうしましょう？　ゆっくり起きてどこか観光でもしますか？」なんて話になるはずもありません。焦点は「何時に飲み始めるか？」それだけ。

「9時でどうでしょう？」

「うん、了解」

常人からすると、ちょっとどうかと思うかもしれない会話ですが、誰も疑問は抱きません。当日、予定通り、9時きっかりに集合した我々。この日は、大阪駅や梅田から近く、昼から営業している飲み屋も多い繁華街「天満《てんま》」という街からスタートしようということになっています。

かの食通FPM（ファンタスティック・プラスチック・マシーン）・田中知之さんが「この世の200円で食べられるものの中で一番うまい」と語った「あさり酒むし」を出す「天満酒蔵」、店内撮影禁止のハードコアな立ち飲み「銀座屋」、ディープな角打ち「堀内酒店」などの有名店もあり、どこも午前中から飲めるんですが、9時はさすがに早い。

とりあえずやっているとこが見つかれば……なんて思っていると、お、但馬屋ってお店が9時オープンで、ちょうど開くところのようです。これは入るしかない！

縦に長～く反対側の通りまで抜けている店内の壁に、整然と並ぶ短冊メニューが圧巻。その品数の多さと美しさが、脳のなんか気持ちいいスイッチを押してくるような感覚で、俄然朝飲みモードのスイッチが入ります。

大阪の酒場は、ビールの大瓶（「だいびん」と呼ぶ）の激安競争が繰り広げられていることでも有名ですが、ここも破格の380円！　さっそく乾杯し、朝一番のつまみは「きずし」からいってみましょう。

この時が、憧れていた本場のきずしとの初対面。きずしとは要するに「シメサバ」なんですが、西日本ではこう呼ばれており、関東のものに比べるとしっかりと締められている傾向にあるようです。刺身とシメサバの中間のようなトロッとしたやつもいいんですが、酒場で出てくるよく締まった鯖というのもまた、つまみにはいいんですよね〜。

カウンター上の一番目立つ位置には「フェイス」「イヤリング」「エチオピア」など、見慣れないメニューが並んでいます。気になって大将に「どういうものですか？」と伺ったところ、それぞれ豚の顔、耳、豚足だそうで、関西独特の呼び名というわけではなく、大将が勝手につけてるようでした。特に難解なエチオピアは、エチオピアの英雄、陸上選手の「アベベ」→裸足のランナー→足？　という連想からきているようで……ちょっと強引じゃないすか？　まぁ、その説明聞いたおかげで頼んじゃったわけですが。

柔らかくゆで上げられた豚足は骨からの身離れもよく、酢味噌よりもちょっと刺激を抑えたあっさり味のタレが、独特のムチッとした食感に絡み合います。夢中で食べていると、大将がやってきてアドバイスしてくれました。

「なかなか食べるのうまいね〜。けどここを折ったらもっと食べやすくなるで」

どうやら、お客を褒めて伸ばすタイプのお店のようですね。

その後も名物とおすすめしてもらった、「どて焼」や「串カツ」なんかをつまみに楽しく飲んでいたんですが、ここで自分酒場史に刻まれる出会いがありました。

この日は大将の他にもうひとり、若い女性の店員さんも働かれており、我々が入店してからしばらくは真面目な表情で黙々とご自分の作業に集中されていたので、「もしかしたら愛想はふりまかない系の接客の方なのかな?」などと勝手に思い込んじゃってたんですよね。ところがしばらくして我々のテーブルに来てくれると、最高の笑顔で「お兄さんたちどこからですか?」なんて話しかけてくださり、こういうのが嬉しい! どうやら同行の皆さんも同じ印象を持たれていたようで、のちほどナオさんと「ツンデレだったんですね」「これはやられましたね」などと勝手なことを言って盛り上がってしまい、すみませんでした。

とにかくこの、通称「但馬屋のお姉さん」、一緒にお店で飲んだことのある人はみ~んなファンになってしまうくらい、魅力的な人なんです。

ある時、隣の男性客4人組の中のひとりが、ビールを運んできたお姉さんに向かって「一杯どう?」と声をかけているシーンに遭遇しました。まだ真昼間。さすがにそういうの、迷惑なんじゃないかな？　と思って見ていると、お姉さん、嬉しそうに顔を崩して「いいんですか～？」と。なんてノリの良さ。以来つい、あまり忙しそうでないタイミングがあると、「一杯どうですか？」とお誘いして乾杯してもらうのが楽しみになってしまいました。

また、お姉さんは新メニュー開発の天才という一面もあります。中でも衝撃的だったのが、「キムチ天」。その名の通り、キムチの天ぷらです。食べたことないでしょう？　これがもう、「なんでキムチが天ぷらの定番食材じゃないの？」ってくらいうまい！　あのラズウェル先生が、某ＴＶ番組に出演し「今までで一番うまかったつまみ」という質問に対して、これを挙げていたくらいだから間違いありません。

まずキムチ自体味が濃いので、何もつけずに食べられるスナック感覚が酒のつまみ向き。キムチの味が染み込んだ衣部分までまんべんなく美味しいです。

天ぷらの身上といえば、衣の「サクッ」と中身の食感、この違いによるハーモニーですが、柔らかくもシャキシャキとしたキムチはこれもバッチリ！　温められ、油をまとったことによって酸味やカドがとれ、まろやかになったキムチ自体の味も新次元です。しかも添えられているのがマヨネーズですよ？　揚げ物にマヨネーズ、かなり禁断

酒場っ子メモ　「キムチ天」の衣部分の味わいが何かに似てるなと思ってたどりついたのが、駄菓子の「いかの姿あげ」。これにキムチをのせてマヨネーズをかけた、僕が開発した「偽キムチ天」は、本家にはおよびもしないＣ級グルメですが、意外と酒のつまみになります。

の組み合わせだと思うんですが、元々キムチとマヨって相性いいですからね。ちょちょっとつけると、さらにまろやかかつ複雑な広がりを見せ、も〜たまりません！

決して突出した何かがあるというタイプのお店ではなく、とことん居心地が良くて、こういうお店こそが究極なんじゃないか？　とすら思わせられる但馬屋の魅力。

僕はもはや、大阪に行くたびにここに寄って、キムチ天を食べないと気が済まない体になってしまいました。

……いや、それを口実に、お姉さんと乾杯しに行ってるだけなのかもしれないな。

京都大衆酒場のロマンを感じたいなら

京都・四条「京極スタンド」

前項でもお名前が出ましたが、僕が勝手に師と仰ぎ、お酒に対するスタンスから生き方にいたる何から何までを目標とさせていただいているのが、飲兵衛なら誰もが知るバイブル的漫画『酒のほそ道』の作者、ラズウェル細木先生です。

光栄なことに、ラズウェル先生には公私ともに大変お世話になっており、お酒の席をともにさせていただくこともしばしば。その穏やかで、含蓄があり、ほがらかな飲み方は、全酒飲みの鏡といって間違いありません。

そんなラズウェル先生が数年前、東京の他に、京都にもお仕事場を構えられました。そして恐れ多いことに、「京都に来る時は泊まっていいよ」なんて信じられないお言葉まで。

酒の席での冗談だった可能性は相当高いですが、酒飲みとしてこんな貴重な経験ができるチャ

ンスはそうありませんよね？　バカのふりをして「今度京都に行くんですが、本当にいいっすか～？」などとご連絡してみたところ、マジで泊めていただき、一緒に飲み歩くという夢のような時間をすごさせてもらうことができました。

昼からラズ先生と、「京の台所」と呼ばれる「錦市場商店街」をぶらぶらしたり、ちょうど開催日と重なった、「叡山《えいざん》電車」で日本酒を飲みまくるイベント「日本酒電車」に乗ったり、午後からはさらに友達も合流し、「京都三大会館」と呼ばれる「折鶴会館」「四富《よんとみ》会館」「リド飲食街」を飲み歩いたりと、あぁ、今思い出しても夢のよう……。

飲みツアーのスタート地点となったのが、京都屈指の名酒場「京極スタンド」。

以前から存在は知っていて、憧れのお店のひとつだったんですが、まさかラズ先生とご一緒できるとは。と、噛み締めながら、オープンの12

時を目標にお店に向かいます。

お店は「錦天満宮」のすぐそばにあり、まずは土地の神様にお参りしてから飲み始めると気持ちも引き締まりますね。引き締まったところで、お酒が入ればすぐにゆるみ始めるわけですが。

到着すると、その佇まいにまず感動。看板の白地に浮かび上がる赤い「スタンド」の文字は、当時の息吹をそのまま残す本物の「昭和レトロ」ってやつです。

創業は、昭和2年。

最近は少しずつお店も増えてきたようですが、昼飲み文化がそれほど盛んではない京都で、昼から飲める貴重な酒場でもあります。

当初は、何を食べても十銭均一の「十銭食堂」としてスタートしたそうで、その頃のなごりか、一見定食屋さんのようにも見え、「ラーメン」や「揚げソバ」「オムデミグラスソース丼」といった主食級のものもあったりして、しっかり食事をすることも可能。が、現在は酒場営業がメインとなっています。

店内も、長年の歴史が堆積した風格とロマンを感じる、そこにいられるだけで幸せな空間。年季の入ったメニュー、壁のタイル、大きな横長の鏡。店内でひときわ存在感を示している大理石のカウンターとテーブルも、創業当時からのものだそう。何もかもが、貴重すぎる酒場遺産であり、それらが実際に現役であることが奇跡のように思えます。

かいがいしく働く女性スタッフのみなさん、オープンと同時に詰めかける常連客のみなさん、その活気が一気に渦巻き始め、本当に、まるで昭和の時代にタイムスリップしたかのような気分。いやぁ、言葉もない素晴らしさですね……。

やりすぎにもほどがある大阪と比べると、京都の大衆酒場はそこまで激安な印象ではないんですが、それでもじゅうぶん大衆価格。「ビフカツ」「えびフライ」「ミックスフライ」「オムレツ」なんて、ちょっと洋食屋っぽいメニューがあるところも、雰囲気があっていいですよね。

もちろん、「おでん」「湯どうふ」「ちくわ天」なんてオーソドックスなつまみもあり。というか、品数、壁に貼られた手書きの短冊のものなんかも合わせると、100種類以上あるそう。

それから、多くの常連さんが頼んでいたのが、1050円の「生ビールセット」。メンチカツ、ソーセージ、スパサラなど5品のつまみがのったプレートと生ビールのセットで、かなりのお得感です。

我々は様子見も兼ねてなので、「自家製コロッケ」に「すじこんにゃく煮込み」をオーダー。

大ぶりのまん丸コロッケは、揚げたての熱々でソースもたっぷり。「これこれ！」とほっと安心する味わいですが、食べごたえはかなりのもの。これがビールと合うこと！

各席に伝票が置かれ、注文のたびに頼んだ品の金額にチェックが入り、この伝票のデザインがまた凝っていてかわいい。こういうところにも、小粋な京都らしさを感じて嬉しくなります。

そして「すじこんにゃく煮込み」。これが圧巻だった！

甘めのタレで煮込まれた、トロトロの牛スジ。円柱形に細かく飾り切りの入ったコンニャク。上にはたっぷりの青ねぎ。

それぞれの素材に深く深く味の染み込んだ、このうまさはなんだろう？　もちろん素材自体が良いことは間違いないんですが、絶対にそれだけじゃない、お店の長い長い歴史も合わせていただいているような、重厚感のある味わいなんですよね。毎度、食べるたびに「こんなにも深かったか……」となってしまう、奥深すぎる一品です。

京都というと「高級料亭」「川床」「祇園で芸者遊び」なんて画一的なイメージしか思い浮かばないという方もいるかもしれませんが、実は大衆酒場の世界にも素晴らしい名店ひしめく場所。

酒場っ子メモ　スーパーで「こんにゃく発表」というコンニャクが売られていて、ネーミングのあまりのバカバカしさにつられて買ったことがあるんですが、これが京極スタンドの煮込みのコンニャクにそっくり！　おすすめです。

しかも最近は、ここに新しい風もどんどん入ってきているよう。

昼から京極スタンドで一杯やったら、鴨川沿いで酔い覚まし。

せっかく日本に生まれたなら一度は体験しておきたい、粋な飲み方といえるんじゃないでしょうか。

ホルモン1本50円！　実写版『じゃりン子チエ』の世界

兵庫・神戸「中畑商店」

何度目かの関西飲み歩き遠征で、生まれて初めて「神戸」の街を訪れることができたのですが、大阪や京都とはまた違った雰囲気ながら、ここもやっぱり濃い街ですね。

その日は「珍スポットトラベラー」として有名なライター、金原みわさんがパーソナリティーをつとめるラジオ番組に、スズキナオさんと一緒にゲスト出演するため、ふたりで神戸にある「ラジオ関西」のスタジオへと向かっていました。

この関西遠征がかなりの強行スケジュールで、道中にほんの少しでも隙あらば、地元のお店に飛び込んで飲んでいきたい方針。神戸駅に着いた時点でスタジオ入りまでは約1時間。このタイミングを利用しない手はないと、神戸の酒場に詳しい関西の友達にお願いし、「昼間から飲める良いホルモン焼き屋」とやらに連れていってもらうことになりました。

ＪＲ神戸駅周辺は、駅から神戸港に向けて「ハーバーランド」と名づけられた一大観光都市として整備されており、駅ビルからしてものすご～く都会的。一瞬、あまり「ディープさ」を期待してはいけない街なのかな？　と思いきや、電車を降りたとたん、上下真っ赤なジャージを着た老人が気持ち良さそうに「あおげば尊し」を歌いながら闊歩《かっぽ》していたり（しかもそこしか知らないのか「わが師の恩」まで行ったら最初に戻るのくり返し）、まだぜんぜんビルの中なのに余裕でママチャリが停まっていたりして、「やっぱり関西だぁ」と嬉しくなってしまいます。

さらにヤマコさんについて歩いてゆくと、整備された区画を縫うように味わいのある街並みが広がりだし、いつの間にやら周囲は「ザ・関西の下町」といった風景に。

やがてたどり着いたのは「稲荷市場」。我々が訪れてからほんの数週間後、とり壊し工事が始まってしまった、今となっては幻の空間です。

１９９５年の「阪神・淡路大震災」で受けた被害の傷跡がいまだに残る小さな商店街で、訪れた時はすでに、ほぼシャッター街。そこをずんずん進み、震災の影響で屋根がなくなってしまったままの、商店街の突き当たり付近までやってくると、本当にありました！　真昼間から営業中のホルモン屋が！

ここが今日の目的地、「中畑商店」。

震災を乗り越え、今も元気に営業されている奇跡のようなお店で、表の看板には「ホルモン1本50円」の文字。完全に実写版『じゃりン子チエ』の世界じゃないっすか！　自分、お店に入る前からすでに感動してます……。

ではいよいよ店内へ。優しそうなご夫婦がふたりで営まれている、大人が7～8人も入ればいっぱいの、小さくて味わい深いお店。

壁のメニューを見ると、わー、ほんとに「ホルモン」が1本50円だ！　その他、串ものだと、「アバラ」「シンゾー」「レバー」「ししとう」「しいたけ」「ねぎ」が100円で、最高級品は「ミノ」の200円。他に皿盛りのメニューなんかもあります。

串は注文が入る前から、ご主人が鉄板でガンガンに焼いています。焼き上がったものから特製のステンレス台に並べられていくので、そこから好きなのをとって食べるシステム。

味つけはカウンター上にある二度漬け禁止の特製ダレにさっとくぐらせるんですが、これが、甘辛くて深みがある、焼肉のタレの超～うまい版って感じで、ぜひ全国販売してほしいくらい絶品。

こちらの「ホルモン」は、もつ焼き屋では「フワ」なんて呼ばれる「肺」の部分。それを薄切りにして、ヘラでギュッギュッと鉄板に押しつけながら焼いてあります。食感はしっかりとしていて、旨味も凝縮。ライトなのでいくらでも食べられてしまいそうですが、100本とったって5000円なんだからすごいですよね。

きっと近所の子供たちも、おやつ代わりにこのホルモンを1~2本食べてから家に帰ったりするんでしょう。なんつーかそんなやつら、僕からしたら超エリート酒場っ子！

その他の串もひと通りいただいてみたところ、アバラはジューシー、シンゾーは軽快な歯ごたえ、レバーはまったりと、どれも本当にうまいです。全部同じタレにつけてしまうんですが、食感や風味がそれぞれに個性的で、ぐるぐるとローテーションしているといくらでもチューハイが飲

めてしまう。

僕、子供の頃からシイタケが苦手で、大人になっておおよそ克服したんですが、まだ丸ごとのでっかいのを自ら進んで食べたいとまでは思いません。ここの「しいたけ」はまさにそのタイプ。ところが今は「中畑商店マジック」にかかっている真っ最中。同行のおふたりにつられ、ガブッとかじりついてみると、案の定、うまいうまい！

お店の最高級品、シャキシャキの「ミノ」と一緒にほおばると、食感と味に広がりが生まれ、う〜ん、天国。

スケジュールの都合で滞在時間が短かったことは非常に残念だったんですが、それでもじゅうぶん堪能させてもらいました。中畑商店、もしかしたらこれまでの遠征で伺った中でも一番ディープに、関西の下町的空気を感じさせてくれるお店だったかもしれません。

あ、そうそう。途中、ご主人が焼きの手を休め、奥様とふたり、上品なティーカップで何やら飲まれている時間があったんです。なんとなく気になって「コーヒーですか？」とお聞きすると、「……白湯《さゆ》や」とのお答え。串焼きの「ジューッ！」という音がひととき止まった、その静かな瞬間が妙に良くて、なんだか深く印象に残っているのでした。

酒場っ子メモ　中畑商店の近くにある「松尾稲荷神社」には、日本最古の「ビリケンさん」が祀られています。通天閣あたりで見るビリケンさんとは違い、かなりインパクトのあるお顔立ち。

焼酎の白ワイン割りで明るく酔っぱらう

山梨・金手「どてやき 下條」

山梨県の甲府駅から徒歩10～15分ほど離れた場所に「中央」というエリアがあります。南北250m、東西300mという範囲の中、無数の小道が縦横に走る「甲府中央商店街」がその中心で、高度経済成長の時代まではものすごく栄えた旧市街。が、70年代にはすでに衰退の兆しが見え始め、現在では、街全体が当時から時間が止まってしまったかのような昭和的味わいに満ちており、僕からすれば、一日中徘徊していても飽きないパラダイス。土地の当事者の方々にしてみれば失礼な話かもしれないのですが。

ほとんどがアーケード街で、さらにその中にある大きな建物の1階部分は、示し合わせたように通り抜けのできるスナック街になっています。もちろん、僕のような人間は特殊で、一般の観光客がわざわざ立ち寄るような場所ではありません。ディープゾーンに踏み入れば、通称「裏春日」と呼ばれる歓楽街もあり、ちょっとした緊張感も漂います。

そんな猥雑さもまた魅力的な街、甲府市中央。中にはいくつかのビジネスホテルがあり、そこに宿をとって、「せっかく来たんだから」と地元ワイナリーなどを巡ることもなく、ただただ近辺を徘徊して、飲み歩くという旅が好きなんです。


界隈で最も有名な大衆酒場が「どてやき 下條」。

正確には甲府中央商店街から一本道路を挟んだ向かい側。現在の大将は3代目で、創業70年以上となる老舗だそうですが、近年建て替えられた建物は、まだ真新しくピカピカです。

営業時間は15時~20時。開店も閉店も異例の早さですよね。なんでも初代の大将が「悪い酔っぱらいが嫌い」だった名残りらしいのですが、大人気店で、名物のどてやきの本数も限られているので、このくらいがちょうどいいバランスなのかもしれません。

僕は有休をとって、平日のオープンちょっとすぎにお邪魔しました。

店内に入ると愛想の良い大将が親切に「ここでいい？」なんて、特等席ともいえる作業場の目の前のカウンターに案内してくださいます。奥の座敷ではすでに1組、常連さんらしき団体が宴会を始めておられましたが（何時からやってたんだ？）、この時、我々は夫婦ふたり、どう見ても一見のよそ者に見えたんでしょうね。大将はお店についていろいろと教えてくださいました。

席に着くと、すぐにお通しの「青梅のこんぶ和え」が。「自家製だからうまいよ！」なんて解説が入りますが、なるほど、ほど良い酸味と昆布のアクセントが爽やかで、箸休めにぴったりな一品です。

続けて名物の「どてやき」1人前の3本（240円）が、それぞれの目の前に。まだ注文はしてなかったんですが、こちらでは着席と同時にお通しとどてやき1人前ずつが提供されるのがお決まりのようですね。

慌ててビールの大瓶を注文し、冷めないうちにガブッといくと……う、うますぎる！

ここのどてやきは、串に刺された牛もつを味噌ベースのタレで煮込んだものなんですが、入店時から店内に漂っていた若干の獣臭《けものしゅう》は口に入れるとまったく感じず、強～い旨味とふわっふわの食感が夢心地！　あまりの美味しさに、ゆっくり味わう余裕もなく、立て続けに3本、一気にたいらげてしまいました。

入り口目の前の大鍋に、隙間なく差し込まれてグツグツと煮えるどてやきの串たち。お店はすみずみまで清潔なんですが、さらに驚いたのがこの鍋の美しさで、まるで新品のような輝き。これがすっぽりと収まるようにしつらえられたステンレス製のカウンターも合わせて、毎日ていねいに磨き上げないと、このうっとりする光沢は出ないですよ。大将がさらっとおっしゃる「どてやきは午前中から仕込んでるからね～」なんて言葉と合わせて、そのお仕事に対する真摯な姿勢を想像したら、ただただ頭が下がるばかり。

鍋のひとすみには味噌が固めて配置されていて、どてやきの串が何本か出ると大将がダシ汁を足し、それから味噌をちょっとだけ溶かして味をととのえます。この熟練の作業、いつまで見ていても飽きないですね。

どてやき以外にもおつまみはいろいろあり、何度か通えば制覇できるくらいの適度な量。いつか達成したいなぁ。

よく見るといくつかのメニューに「半分」という項目があるのがまたありがたく、次は「せんまい半分」をいただいてみます。ここで告白するのもお恥ずかしいんですが、せんまいって、見た目が怖いので普段進んでは頼まないんすよ。ただ、こちらでは定番のひとつようなので、思い切ってみました。そしたらまぁ、大正解でしたよね。爽やかな酸味のタレが、よくある酢味噌味とはまた違う、新感覚の美味しさ。すると大将、「うまいでしょ？　それは元々俺と親父の晩酌のつまみなんだ。親父が酢味噌をあんまり好きじゃなかったから、俺が独自に調合してね」と。なるほど、ご自身がお好きで、そして自分たちのために開発したから、他にない味、かつ、お酒にぴったりというわけなんですね。

続いては「なんこつ」。これまた素晴らしい！　ナンコツは鶏も豚も大好きですが、ここは豚。周りに肉もたっぷりと残っていて、下処理で蒸すかゆでるかしてあるのか、ホロホロととっても柔らかいです。それでいて、周囲にはこんがりと焦げ目がついており、香ばしさもしっかり。コリコリ、ムチムチの食感に、お酒がぐんぐん進みます。

というわけで、2杯目は「チューハイ」を。プレーンなキリッとしたタイプに、レモンの輪切りが1枚、その姿には様式美すら感じます。

そんなところで、大将と常連さんの会話が耳に入ってきました。

「今日はねぎまあるよ！」「お、じゃあちょうだい」「早く来て良かったね〜、最近は用意できても日に20〜30本だから！」

……気にせざるをえないじゃないですか。

いやらしいと思いつつもチラチラと横目で見ると、常連さんの元に一見なんの変哲もない串焼きが届き、とっても美味しそうにほおばっておられます。

ここはおいそれと来ることのできない旅先のお店、勇気を出すところだろうと「すみません、ねぎまっていうのは、頼めるんでしょうか……？」と伺うと、「いいよ〜」とのことで、一安心&大興奮！

しばらくするとやってきました。いわく「いわゆる『しろもつ』っていうとこだよ。ねぎも甘いからうまいと思うよ。入荷が少ないからメニューには載せられないんだけどね」とのこと。初訪問で、まだレギュラーメニューも制覇していないうちから裏メニュー。恐縮しながらもひとかじりすると、サクッとした心地良い弾力。嚙めば嚙むほどにじみ出す旨味。そして本っ当に甘いねぎのアクセント。

これまでの酒場人生で何度か、放心させられるような美味に出会ったことがありますが、これはすごい。旅情を鑑《かんが》みてもうますぎます！

3杯目は「ぶどうワリ」。いわゆる東京下町の居酒屋によくある、焼酎ストレート＋ブドウエキスの「ブドウ割り」とは違います。なんと、焼酎の白ワイン割り。さすがワインの里。無論度数は高いんですが、あまりにもスッキリさっぱりとして、絶品のねぎまとの相性もバッチリ。自分は今、確実に走馬灯レベルの体験をしているなと噛み締めます。

ここらでお腹のほうはほぼ満足。が、まだもう少し、お店の空気感と美味を味わっていたい。名物のどてやきももう一度頼みたいし、他の料理も気になる。今回は初訪問ということで、悩んだあげく別メニューに手を出してみることにしました。

「レバー塩焼　半分」。きっちりと中まで火が通ってるんだけど、柔らかくあっさりとして、これまた絶品。

「キャベツ炒め　半分」。屋台の焼きそば的なパンチのある味つけで、具材は本当にキャベツだけなのに、めちゃくちゃお酒が進む！

ここまで来て、やはりどてやきはもう入らなくなってしまいました。泣きたい。自分の胃袋の貧弱さが恨めしい。しかたがないので、またこちらのどてやきを味わうことを目標に、もう少しだけがんばって生きてみることにしましょう。

ただし！　あれだけは味わっておかないことにはおさまりがつきません！　あれとは、どてやきの大鍋の片すみで人知れず出番の時を待っていた「どて玉子」。串に刺さったゆで玉子の煮込みです。

たっぷりの時間をかけ、牛もつの旨味を嫌というほど吸いまくってしまった玉子ですよ。これがも～、うまいのうまくないのって、どっちだったと思います？　そう、うますぎたんですよ。

あ～幸せ。

ところで大将に、メニューにあった不思議な響きのお酒「ボルス」について、「これはどういうものですか？」と伺うと、「疲れた時に飲む栄養ドリンクっていうか、玉子酒みたいなもんだね。度数は低いし、これを途中で飲む人はあんまりいないかな」とのことだったので、締めに頼んでみました。

結論、これははっきり言ってなんだかよくわからず、確かに飲んだことはないけど、「玉子酒ってこういうなものなのかな？」というような、まったく甘味のないプリンを液体にして飲んで

酒場っ子メモ　「どて焼き」といえば大阪や名古屋の名物で、こってりと甘い味噌味が特徴。ここのはもっとあっさりとしていますが、どっちも好き。

いるような、不思議な飲み物でした。ここのお店以外にもあるのかな？　良い経験になりました。

さて、「どてやき 下條」が、甲府中央の表の顔を代表する酒場だとすれば、よりディープに、甲府中央商店街の深部へと入っていけば、裏の顔もあります。次の項では、そんなお店をご紹介。

ディープな昭和が残る街、甲府中央

山梨・甲府「くさ笛」

「どてやき 下條」が甲府の大衆酒場の表の顔だとしたら、裏の顔ともいえるお店は、「甲府中央商店街」のもっともっと深いゾーンにあります。街に夜の帳《とばり》が下り、日中はまるで眠っているようだった繁華街のネオンが灯りだしたら、再び散策に出かけましょう。

「弁天通り」「コリドー通り」「春桜会通り」などなど、甲府中央商店街に存在する無数の横丁。その中でも僕がグッと心を摑まれてしまったのが「オリンピック通り」です。

昼でも薄暗いビル内横丁の中に無数の飲み屋やスナックの看板がひしめき合い、その光景は昭和の日本映画のセットそのもの。怪しげな明かりを頼りに、暗い道を徘徊していると、頭がクラクラとしてきて、二度と現世には戻れないんじゃないかっていうような、究極の非日常感を味わうことができます。

とりわけ僕が心惹かれたのが、濃緑色に輝く「銘酒コーナーくさ笛」という看板。店名だけでは得体の知れないお店が多い中、「銘酒コーナー」という響きにはどこか大衆的なものを感じます。中の様子を窺うと、開け放たれた引き戸に縄のれんが下がり、奥から常連さんと店員さんのワイワイとした楽しそうな声が。周囲の他のお店のような敷居の高さがなく、明らかにここには「陽」のオーラがありますね。ちらりと見えた店内の壁にも、きちんとメニューと値段が表記してあり、そういった意味でも安心そう。

遠慮がちに縄のれんをかき分けると、すぐに女性の店員さんが「こちらにどうぞ～」と案内してくれます。カウンターのみで10席ほどの小さなお店。僕らを招き入れてくださった店員さんと、優しそうな女将さんのおふたりで営業中。

先客は5～6名、みな常連さんのようで、思い思い楽しげに会話されています。

まずは角ハイボールをお願いし、グイッとやってソワソワした気持ちを落ち着けましょう。お通しは冬瓜の煮物。これがなんとも優しい味で、緊張で若干こわばっていた心と体がゆっくりとほぐれ始めます。この、見知らぬ酒場でだんだんと自分の気持ちがお店になじんでゆく過程、初めて飛び込んだお店ならではの楽しみでもありますよね。

案内してもらったのは幸運にもカウンターのど真ん中で、女将さんの目の前。親切に「甲府は初めて?」「どこから来たの?」なんて話しかけてくださり、隣り合わせた、物静かな男性の常連さんともゆっくりと打ち解けることができました。

「東京から旅行に来て、ここの雰囲気が良さそうだったんでふらりと入ってみたんです」と言うと、常連さん、「それは運がいいですね。このあたりでは、ここが一番の店ですよ」と。あぁ、なんて嬉しい瞬間……。

さてじっくりとおつまみを検討しようと、目の前の棚に貼られたメニューに目をやります。するとここで、衝撃の事実に気づいてしまったんですよね。

なんと自分の目線の正面。棚の一番いい場所に飾られているの、太田和彦先生の「百名盃《ひゃくめいはい》」

じゃないですか！

日本の居酒屋研究の大家、太田和彦先生。僕はこの方の、博識でおだやかながらも愛嬌のある飲み方が大好きで、著書や出演されているTV番組の大ファン。僕のようないい加減な男とは飲み方そのものが違うんですが、憧れの対象として、ものすごく尊敬しています。

そんな先生が出演されていた『日本百名居酒屋』という番組では、訪れた酒場に、ご自身のデザインされた「百名盃」というオリジナルの盃をお礼としてプレゼントするのが恒例になっているんですね。その現物が、目の前に鎮座している！

『日本百名居酒屋』のＤＶＤは、もちろん繰り返し見ています。

……あれ？　もしかしてこの景色？　うわ、なんで今まで気づかなかったんだ！　映像で何度も見たお店じゃん！　よく見ると女将さんも、あの女将さんだ！

そう、ここ、くさ笛は、かの太田先生も太鼓判を押した、正真正銘の名店だったというわけです。

あぁ、期せずして憧れのお店に来れた。というか自分、せっかく甲府に来るなら予習くらいし直しとけって話ですよね。こういうところが、一生かかっても太田先生に追いつけない理由。

ではでは、あらためてメニューを見ていきましょう。

「カチリサンショウ」ってなんだろう？　女将さんに伺うと、「山椒とジャコを和えたもんで、そんなにおもしろくないわよ。それなら『サンショウ奴』のほうがおすすめ！」と、正直。

昼間にどてやきをたっぷりいただいているのでお腹に余裕があまりなく、う～んう～んと悩みに悩んで、「三葉ささみ」を注文。三つ葉って、年齢を重ねるごとに加速度的に好きになっていく食材のひとつじゃないですか？

濃い緑の味と、ふわっと優しいササミ。しみじみと、うまい。

ここでは、炒め物でも天ぷらでも、女将さんが目の前で調理してくれます。

常連さんから「こっちもミツバ食べたいな～」なんて声が上がると、お客さんの好みに合わせて「どうやって食べる？　玉子でとじる？」と。基本的にメニューは参考程度で、食べたいものを女将さんが作ってくれるというのがスタイルのようです。調理中も「このくらい？　もうちょっと？」と、火の通し加減まで好みに合わせられており、いや～、常連さんがうらやましい。

ハイボールを飲み干し、なんといっても「銘酒コーナー」ですから、お酒をいただきたいところ。「七賢《しちけん》」「開運」「北の杜」「春鶯囀《しゅんのうてん》」など、山梨のお酒がいろいろ揃っているようですが、詳しくないので、「お酒をいただきたいんですが……」とだけお伝えします。するとこんどは店員のお姉さんが相談に乗ってくださり、好みなどをお話ししつつ「初めてだったらこれがいいんじゃないかな」と、「春鶯囀 純米 冷」から。

山梨県南巨摩《みなみこま》郡「萬屋《よろずや》醸造店」のお酒。スッと軽い飲み口ながらもしっかりと旨味があり、大変美味。って、この感想も合ってるかどうかわかんないんですけどね。それよりも、土地のお酒を土地のお店で飲んでいるという事実が、お酒をうまくさせる一番のスパイスです。

お次は「とりもつ」を。

鳥もつ煮といえば、B級グルメ界を盛り上げる「B－1グランプリ」優勝によって近年急速に知名度を上げた甲府の名物。こってりとしたタレに濃厚なもつの風味が絶品です。

「美味しいですね」とお伝えすると女将さん、「でしょう？　とりもつはうちのが一番よ！」と明るくおっしゃいますが、横の常連さんから「女将さん、B－1グランプリで『甲府鳥もつ煮』が優勝した次の日からこれ出し始めたんですよ。さも前から出してますって顔して」と突っ込みが入ります。

あぁ、そんなやりとり、すべてが愛おしすぎる……。

お酒のおかわりは、またもおまかせで「山梨銘醸」の「七賢 純米 風凜《ふうりん》美山《びさん》 冷」。

南アルプス甲斐駒ヶ岳の伏流水と山梨県産のお米で作られたお酒だそうで、「こっちのほうが濃く感じるかも」とのことだったんですが、僕にはむしろ、さらに飲みやすく、爽やかな高原の風がスーッと体の中を抜けていくような印象を持ちました。

女将さんはなんと、今でも毎日山に、秋はキノコ、春は山菜を採りに行かれるのだそう。「逆に夏と冬はあんまり食べるものがなくて」なんて笑ってましたが、今は夏の終わり。つまり秋の入り口。あわよくばキノコ料理が味わえないかな……と伺ってみると「あるわよ！」とのことで、今朝採れたての「きのこおろし」を味わうことができました。

酔いのせいでそのキノコの名前を忘れてしまったのは一生の不覚。２種類あったうち、「裏側まで黒い椎茸」的なキノコは油炒めで、「野生的なしめじ」といったほうは大根おろしでさっぱりと食べるのがおすすめとのことで、今回は後者をチョイス。

見た目通り野生的な力強さに富んだ旨味と大根おろしの少しの辛味が、食べていくそばから健康になっていくようで圧倒的。これを女将さんが直に山から採ってきて、目の前で調理してくれたというありがたみも加わって、深く深く、心身に刻み込まれる味となりました。

妻とふたり、食べる量は少ないながらもゆっくりと飲み食いして、合わせて約４０００円と、しっかりリーズナブル。昭和のディープさを煮詰めたような甲府中央の最深部に、こんなにも家庭的で、心温まる名店があったんですね。やっぱり酒場はおもしろい。

女将さんによると、くさ笛のあるオリンピック通りは、その名の通り東京オリンピックが開催された１９６４年にでき、こちらもその時からの営業だそう。

お会計を終え、「今度また東京オリンピックがあるでしょ？　私はその時ちょうど80歳。それまではお店続けようと思ってるから、また来てね！」なんて言っていただき、思わずホロリとしていると、またしても常連さんから「女将さんは年齢がコロコロ変わるから、何が本当かわかんないけどね」と、突っ込みが入っておりました。

酒場っ子メモ　お店を出る時、女将さんに「一緒に記念写真を撮ってもらえませんか？」とお願いしたところ、僕の手をとってご自身のほっぺに当ててくれるという大サービス。そのお肌の赤ちゃんのような柔らかさといったら……。

沖縄のパワーフード「山羊料理」に舌鼓

沖縄・牧志「山羊料理　さかえ」

沖縄が大好きで、キャンペーンで飛行機の格安チケットが出たりするとここぞとばかり飛んで行きます。

といっても、離島でダイビングとか、無限泡盛で夜通しカチャーシーとか、そういった旅ではなく、もっぱら那覇市内での飲み歩きが専門。だってそれだけでもいくらでもいいお店があって、まだまだ離島にまで手を伸ばしている余裕がないんですよ。

那覇市最大の市場で、有名な「国際通り」に隣接する「牧志公設市場」。1階で買った魚介類を2階で料理して出してもらえることで有名ですが、そこまで気合を入れなくても、近くの「節子鮮魚店」では、いつでも昼間っから目の前の公園を眺めながら、生牡蠣をつまみにオリオンの缶ビールをやることができます。

他にも、めちゃくちゃリーズナブルにブランド豚を味わえる「我那覇焼肉店」も最高だし、店内で新鮮な魚をいただけて、お酒は持ち込み自由の魚屋さん「つかさ屋」もディープだし、沖縄おでん食べ放題、飲み放題で2000円の「おふくろ」なんて天国だし、「亀かめそば」の「軟骨ふーちばーそば」も行くたびに食べないと気がおさまらないし……。ね、市内だけでも、連日大忙しというわけです。

ところで、数ある沖縄ならではの食べ物の中でも上級編といえるのが、「山羊」ではないでしょうか？

山羊は沖縄では「ヒージャー」と呼ばれ、祝いの席などには欠かせない食材だそう。滋養強壮に絶大な効果があり、薬として食べるという意味合いもあるほど、体に良いらしいです。一方で独特のクセ、臭みがあり、好きな人は「何よりも好き！」嫌いな人は「絶対むり！」ってなシロモノらしく、そう聞くと思わず二の足を踏んでしまいますよね。

しかし僕がそれまでに沖縄で入った飲食店の中で、感動しなかったお店はなかった。そこまでの土地「沖縄」の伝統食材である山羊を食べずして、真に懐に飛び込んだといえるのだろうか？なんて言うと大げさですが、要は「一度は味わってみたい！」という興味本位、怖いもの見たさもあって、山羊料理に挑戦してみたところ、なんのことはない、ただの「絶品」でした。単に「絶品」。それだけ。

これまでに沖縄で、山羊料理をいただいたことのあるお店は2軒。どちらも本当に素晴らしかった。

滞在していた宿の近くを散歩していた時にふと目にとまり、その日に行ってみたのが、「山羊料理 山海」。ツタの絡む年季の入った外観。白地に赤文字でずらりと並んだ山羊料理メニュー。あまりの味わい深さに、中を確認せずにはいられなかったんです。

お店に入ると、オープン直後ということで先客はおらず、店内をのんびりとした空気が包んでいました。入り口正面に調理場、その前にカウンターが数席、そしてカウンターをとり巻くように小上がりの広々とした座敷があって、テーブルが数席。

入店した瞬間に、僕は一発でこのお店の虜になってしまいました。というのも、おおよその仕込みはもっと早い段階で終えられていたのでしょう、大将と女将さん、座敷の一卓でゆったりと、大将が三線をつま弾き、女将さんがそれに聴き入っています。インストで「島人《しまんちゅ》ぬ宝」かなんか弾いて、1曲終わると、女将さんが静かに拍手をしながら「上手だった」なんて感想を言っています。もうね、その絵があまりにも素敵すぎた！

思い出すだけで心が満たされてゆくような、なんとも心が和らぐ光景でしたね。むしろ僕たちが入店することによって、それを壊してしまいたくないくらい。しかし予約の電話も入れておいた手前、そうも言っていられないので、「良いでしょうか……？」とお伝えすると、優しい笑顔で迎えてくださり、大将が三線を置いて、おふたりは厨房へ。お仕事などさせてしまって面目ないです本当に……。

さまざまなポスターや装飾品、それから飴色に変色した有名人の色紙などが、古い店内と相まって素晴らしい空間を演出しています。平成9年に書かれた佐野史郎さんのサイン色紙の下にもう1枚「さのやくも」と、あきらかにお子さんが真似して描きたがったんだろうなって色紙をきちんと飾ってあるのも、ご夫婦の人がらを表しているよう。

定番のチャンプルー料理や魚料理、沖縄そばなど、幅広いメニューが揃っているんですが、やっぱり「山羊料理」を謳うお店ならではのものをいただきたいですよね。ラインナップはこんな感じ。

・山羊セット 山羊汁／サシミ／チーイリチャー（2500円）
・山羊汁（1200円）
・山羊サシミ（1000円）
・山羊チーイリチャー（1000円）
・山羊そば（800円）

中から、「山羊汁」をいただいてみました。

フーチバー（よもぎ）と生姜で臭みを抑えるのは山羊汁定番の調理法。山羊の肉やさまざまなもつ類がゴロゴロと入り、なかなかインパクトのあるビジュアルですね。特にすごいのがレバーのように見える部位、チーイリチャーにも入る「山羊の血を固めたもの」らしいんですが、怖々口に運ぶと、うん、レバーと言われればなんの疑いもなく信じてしまいそうな食感と風味。苦手な人は苦手でしょうが、複雑な滋味を感じる独特の一品です。一度食べ出してしまうと止まらない、クセになる味ですね〜。

それから、山羊の他にも気になったところで、「白イカのスミ汁」を注文。

見た目、ただ真っ黒いだけの汁ですが、中にはイカの身とニガナがどっさり入っており、味はイカスミのコクが加わった味噌汁といった感じ。名前の通り苦いニガナもいいアクセントになります。

これもまた薬としても食べるような体に良いものらしく、僕の場合、プラシーボ効果のほうが大きいような気もするんですが、その年に発症してしまった紫外線アレルギー（その時点では原因不明で予防をしてなかった）による肌の赤み、痒みが、数時間後にはグッと落ち着いてしまったほど。恐るべし沖縄料理！

お酒は「泡盛」をゆっくりと2合。独特の酒器「カラカラ」から注ぐの、趣があっていいなぁ。

国際通りの横道「竜宮通り社交街」にある「さかえ」は、また別のタイプのすごいお店。

こちらは友達と5人で伺ったんですが、それが良かった。少人数よりは、大人数で行ったほうが満足度の高い、テンションの高いお店といいますか。

これまた古い建物で、入ったところにあるカウンター席の他はすべて個室になっており、どこか民家にお邪魔して飲ませてもらってるような感覚。我々もそんな個室のひとつに通していただきました。

お店を仕切る女将さん自身が名物でもあるらしいのですが、我々は時間が早かったこともあり、帰る時に入れ違いでいらっしゃって、ご挨拶ができたのみ。たったそれだけでも人の良さとサービス精神を感じられるような、魅力的な方でした。で、我々を接客してくれたのは、大女将。「この時間はおばあちゃんひとりなのよ～。ウチはこういう店だから、ごめんなさいね～」ってな具合で、温かく、かつ愛くるしすぎるキャラクターに、これまた一発でノックアウトです。

泡盛は種類豊富で、1合600～700円（瑞泉の古酒のみ1200円）。

山羊料理のラインナップはこんな感じ。

・山羊いため（1500円）
・山羊さしみ（1500円）
・山羊の玉ちゃん（1000円）
・山羊汁（1500円）
・山羊フーチバーじゅうしい（900円）

「玉ちゃんって何かしら？　わかんなけどカワイイから頼んじゃお！」なんて軽々しく注文すると、金玉の刺身なので要注意。この日はなかったので未体験なのですが。「じゅうしい」ってのは、沖縄で言う炊き込み御飯ですね。

他に何品かの一般的な沖縄料理メニューもありますが、ここでも山羊に絞って、「山羊さしみ」と「山羊いため」を注文。

いよいよ魅惑の「さかえタイム」がスタートです！

しばらくすると、我々のテーブルに「大根とにんじんの醤油がけ」がやって来ました。

「あれ？　頼んでないよ！」とお思いでしょう。サービス品です。

またしばらくすると、「島豆腐」がやって来ました。

「あれ？　頼んでないよ！」とお思いでしょう。サービス品です。

またしばらくすると、「ゆで豚」がやって来ました。

「あれ？　頼んでないよ！」とお思いでしょう。サービス品です。

……しつこいですよね。そう、何を隠そうさかえは、「究極のサービス過剰店」なんです！

お店にい続ける限り永遠にサービス品が出てくる、他に何か頼まないとこちらが良心の呵責《かしゃく》に押しつぶされる、何を食べてもうまくて安い沖縄でも、屈指のおもてなし精神を誇るお店なんですね。

ひと皿ごとにお母さんが「はい、これはサービスで〜す！」と持って来てくださり、それが申し訳なくなるくらいの頻度。なので「あの、もしまた何かある場合は、言ってくだされればこちらからとりに伺いますんで」と提案すると、「そう？　ありがとうね」なんて言いつつ、何分かすると「はい、これはサービスで〜す！」とお座敷に登場。ギャグなのか！　っつー。

そうこうしているといよいよメインのひとつ「山羊さしみ」が登場。

山羊の刺身とはこの時が人生初のご対面だったわけですが、うっすらとピンクで透明感のある見た目が、まず妖艶で美しい。少しでも怖がっていた感覚はどこへやら、素直に早く食べてみたい気持ちでいっぱいになります。

これを生姜醤油につけて口へ運ぶと……おぉ〜、これはうまい！

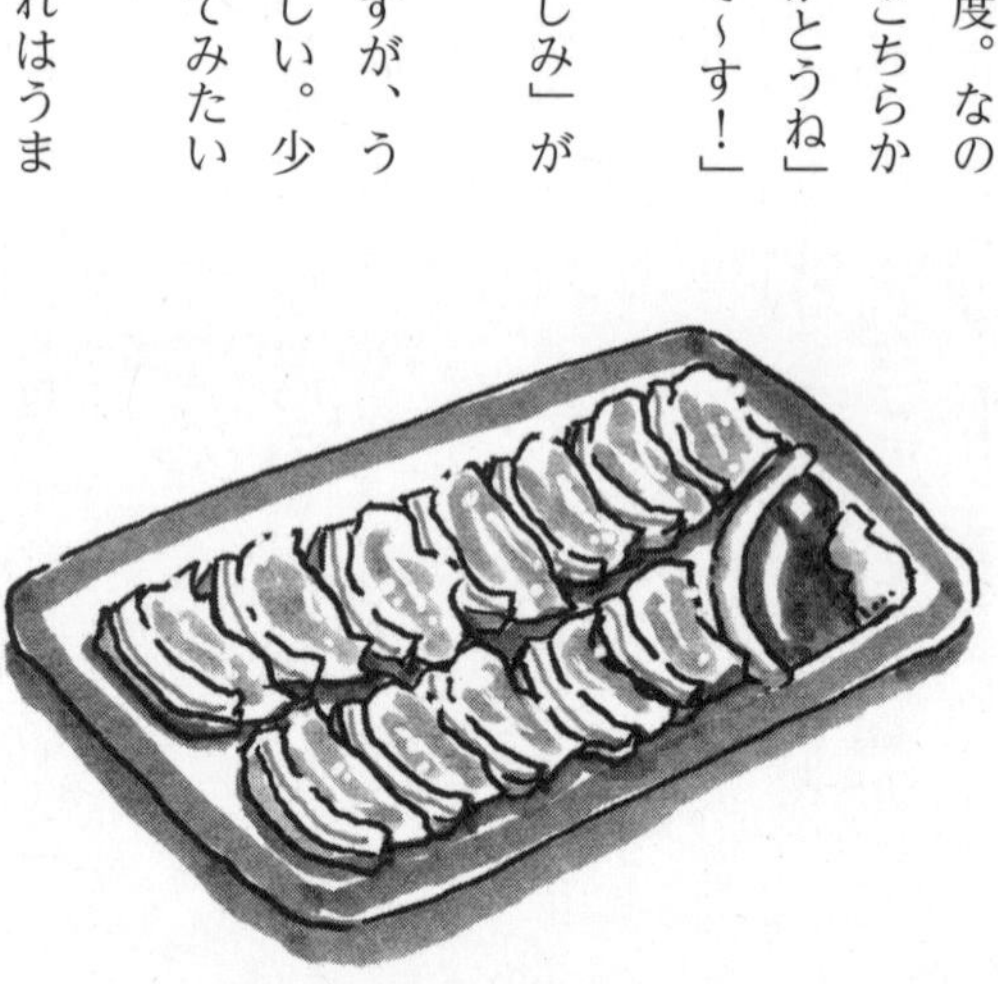

臭みは皆無。独特の風味は、近いのはラムでしょうか。あれが大丈夫な方ならまず何の問題もないでしょう。肉は柔らかいんだけど適度な歯ごたえもあり、少し残してある皮に近い部分にコリコリとした食感があります。とにかく今まで出会ったことのない旨味が強いのと、いかにも体に良さそうな「気」とでもいうんでしょうか、それが充満しています。あぁ、全身が喜んでいる！

うまいと感じたのはその場にいた全員一致で、あっという間に平らげてしまいますが、さかえタイムは続き、「大根とにんじんの酢の物」「ゴーヤーチャンプルー」「ハンダマと玉ねぎのサラダ」「スーチカー」など、サービスの品々が続々とテーブルに。

ハンダマってのは沖縄独特の野菜で、これまた苦味があるんですが、これまた体にとても良いそうです。鮮やかな紫色がなかなかすごい。

スーチカーは、さっき出してもらった豚肉、あれを塩漬けにしたもので、僕の大好物。これらがまた、全部美味しすぎるから困っちゃうんだよなぁ……。あ、いや、ぜんぜん困らないか。で、もうひとつ頼んであった「山羊いため」。これはもうグッと食べやすいですね。肉の味が力強く、うまい。

時間の関係でここでお会計にしてもらったんですが、もっといればまだまだいろいろ出てきた

酒場っ子メモ　バンド「キノコホテル」の支配人、マリアンヌ東雲さんとの対談で、さかえの「玉ちゃん」の話で盛り上がる一幕がありました。ご興味があれば僕の著書『晩酌百景』（2018年）をチェックしてみてください。

ことは想像に難くありません。

驚くべきはお会計。「ひとり2000円でいいで～す！」とのことで……えっと、僕ら全員、泡盛も、不安なくらいたらふく飲んだんですけど……。しかも「いいで～す」のニュアンスからするに、完全に計算アバウトですよね……。

帰りに大量の「サーターアンダギー」のお土産までいただいてしまい、なんというかもう、参りました。降参です。

酒場における降参、すなわち、また来ます！

沖縄でついに出会った心の故郷

沖縄・旭橋「ふく木」

　またしてもセールの航空券がうまく手に入り、スズキナオさんやそのお友達に加えて、僕と妻というにぎやかなメンバーで、沖縄に行くことができました。

　そんなの楽しくないわけがない！　って感じで、飛行機に乗る前からビールで乾杯し、昼時には那覇空港へ到着。空港に着いてもやっぱり乾杯。その後もとにかくドンチャンドンチャンと、最高の沖縄初日をすごしました。

　楽しい時間がすぎるのはあっという間で、時刻は23時すぎ。宿の最寄り駅「旭橋」へと戻って来た我々。

　昼間から飲み食いを続け、もちろんあんまり良くなかったお店などは一軒もなく、出てくる言葉といえば「沖縄最高！」ばかり。少々疲れ、けだるい空気感に包まれながらも「最後にもう一軒だけどこかに飛び込んでみたいなぁ」というモードです。

実は、前に沖縄に来た時も同じホテルを利用したんですが、その近くに、かなり小さな何軒かの飲み屋が集まった、気になる一画があったんですよね。「良かったらちょっとそのへん、見に行ってみませんか？」と提案し、向かってみることに。

ところが目当てだった数軒のお店はことごとく閉店後。残念だな~と思いながら路地を覗き込むと、奥のほう~にポツンと、まだひとつだけ灯っている赤ちょうちんが見えます。

「なんだかすごい雰囲気ですね、一応前まで行ってみましょうか」

と、そのまま異界へと通じていそうな、うら寂しいにもほどがある小道を奥へ。その最深部に、運命のお店「ふく木」はありました。

失礼ながら、素朴な「小屋」といった趣の平屋の建物の前に、経年変化でオバケみたいになってしまった赤ちょうちん。前面に小さな窓がひとつ。障子がはめ込まれていて中は見えず、ボーッとした穏やかな光だけが漏れています。耳をすましてみますがとても静かで、店内の様子はまったく読めません。

これまでに訪れてきた酒場の中でも、トップクラスのディープさ、入りづらさを感じるお店ですが、せっかくここまで来たんだからと自分を奮い立たせ、そっとお店のドアをノックし、ゆっくりと開けてみます。

手前の座敷で常連さんらしきおじさまふたりが将棋をパチリと。他にお客さんはいません。奥にいた女将さんがこちらに気づき、さすがに我々くらいの年代の一見客は珍しいのか、ちょっと驚いた顔を見せたあと、すぐに笑顔になってカウンターに迎え入れてくれました。

勝手がわからずただ座っていると「何飲む？　お腹は空いてる？」と親切に聞いてくださり、「お腹はほとんど空いてなくて、少し泡盛をいただきたいんですが……」とお伝えすると、大きな紙パックの泡盛「久米仙」をガラスの1合徳利《とっくり》に注いで出してくれました。

これでやっと落ち着き、「いい雰囲気ですね」なんて話しながら飲んでいると、将棋が一段落した常連のおじさまのひとりがカウンター内に入り、「よくここに入って来たね〜、ここはこのあたりでも隠れ家的なお店だからね」と乾杯してくれ、すっかり緊張もほぐれます。

女将さんはハルコさんと言い、建物は築60年。ここでお店を始められて30年。近くの那覇港が今よりも栄えていた頃は、お店の前で缶ビール片手にオープンを待つ常連さんまでいたそうですが、最近はすっかり落ち着いたとのこと。

「今度は電話してから来てね。美味しいもの用意しとくから」なんて嬉しい言葉とともに、全員で携帯番号を交換させてもらった我々。さらには、東京に出ているカズナリ君（仮）という20代のお孫さんがいるらしく、「電話してあげて～。優しい子だから。とってもひょうきんだから」と彼の電話番号まで教えてくれます。いやいくら優しくてひょうきんだからって、いきなり我々のような得体の知れない中年男性から電話がかかってきたら恐怖以外の何ものでもないと思うんですが、そんなエピソードに、ハルコさんの心の美しさが表れているじゃないですか。

それから、サービスで「もずく酢」と「味噌味の豚肉」を出していただきました。どちらもほっとする味つけでものすごく美味しい。

豚肉は、ちょうど親戚から送ってほしいと頼まれて仕込みを始めた、沖縄特有の調味料「肉みそ」の、完成前の物だそうです。油を使わずに豚肉を炒め、肉から脂がよく出てきたら、味噌と黒糖で味つけをして煮詰めていくとでき上がるわけですが、その初期段階。いわば「豚肉の濃厚味噌炒め」って感じでしょうか。「こんなに大ぶりに使うんだ！」と驚くほど厚みのある豚肉に、甘辛い味が絡んでたまりません。

それにしても貴重なものをいただいてしまいました。ハルコさん、知人からよくこの肉みそを頼まれるそうで「今度は電話くれたら作っておいてあげるから」なんて、また涙が出るほど嬉しいお言葉を。

この時点で実家に帰って来たような居心地の良さに身をゆだねていたわけですが、嬉しいふるまいはこれにとどまらず、「なんだか孫が来たみたいだから」と、シーサーの形をした立派な瓶から、貴重な泡盛の古酒《くーす》をおちょこで出していただきました。もうこの瓶に入っているだけしか残っていない、本当に貴重なお酒だそう。

泡盛独特の刺激的な華やかさは消え、まったりと口当たり良く、歴史を感じさせる芳醇な旨味の集合体といった、驚くばかりの味わい。泡盛、古酒、本当に奥が深いんですね。

だけどこの美味も、たいそうなお店でたいそうな値段を支払っていただくのとはまた違い、ハルコさんの温かい心遣いを感じながら飲んだからこそ、舌だけでなく全身全霊で味わえたことに間違いはありません。

この時点で僕はもう、ふく木を第二の実家だと思い込んでます。

みんなでゆっくりと泡盛を2合。名残惜しいですがもう24時をすぎてますし、そろそろおいとましましょう。お会計をお願いすると、お酒やおつまみ、全部含めて、「じゃあ1500円ね」と。その時、僕らは4人だったんですが、「ひとり」ではなく「全員で」ですよ？　4で割るとひとり……375円!?　はは、一体計算はどうなってるんだ。

「すみません、今度は料理もたくさん注文しますから」と、ありがたく支払いを済ませてお店をあとに。夢のように素晴らしい、沖縄の夜の締めくくりとなりました。

また別の日。ナオさんたちは先に東京へ帰ってしまったんですが、我々夫婦はもう少しだけ長く沖縄に滞在していました。最終日の夜、行きたくなったのはやはり、ふく木。

この日は沖縄独特の文化である「模合《もあい》」の会合があるようで、座敷席に6、7人のグループがいて、愉快そうに飲んでおられます。初日に乾杯してくださった常連さんもいて「また来てくれるなんて嬉しいね～」と。や、こちらこそです。

そしてそして、今日は胃に余力を残してやってきました！

「そのほうがハルコさんも喜んでくれるんじゃないか」なんて、こちらのエゴにすぎませんが、「お腹が空いてる」と言えばやはり嬉しそうな顔をしてくれます。

メニューはあってないようなもので、一応黒板に「ぜんぶおいしい たべて」の文字とともに沖縄料理の名前が羅列してあるんですが、何も言わずともまず「ゴーヤーチャンプルー」が出てきました。

ゴーヤー、玉子、ポーク、それらをまとめるカツオダシの味。オーソドックスな一品でありながら、ハルコさんの人がら、優しさが隠し味になっているようで、いくらお金をつんで食べようとしても簡単には食べられない、本物の家庭料理の味がします。お、美味しい……。最終日の感傷も手伝ってか、涙が出そう。

お次は「ソーメンチャンプルー」。常連さんが一押しされていただけあって、これまた絶品。「本当は青いねぎを使ったほうが美味しいんだけど、無かったから」とおっしゃられてましたが、白いソーメンに白いねぎが触れがたい美しさを演出しています。

「もずくの天ぷら」。衣が厚くしっかりと味がついて、さらにプリプリとした海老まで入って、うん、今まで沖縄で食べた天ぷらで一番うまい！

「チーズ入り揚げ餃子」。「沖縄風じゃないけどね」とハルコさん。確かに急に居酒屋メニューみたいになりますが、オリオンビールに最高！

「野菜と白滝の炒め」。こういう家庭料理こそ、本当にしみじみとうまいです。

妻が僕に「ご飯にも合いそう」とポツリと言うと、もちろんちゃんと聞いていて「ご飯あるよ！食べる？」と声をかけてくれます。た、確かに絶対合いそうだけど、さすがにもうお腹はいっぱいです！

またしても、本当に名残惜しいんですが、そろそろ夜も更けました。今日は泡盛は1合、お茶を2杯もらったかな。あとはたくさんの料理。

さぁ！こないだ全然お金を払ってないぶん、今日はちゃんととってくださいよ！って気持ちで「お会計をお願いします」と声をかけると……。

「じゃあ1500円」

ズコー!!! ってなもんですよ……。一体全体、どういう計算になってるんですか!? って。

結局この日も、どうしてもこれ以上はとってもらえず、ありがたくそのお気持ちに甘えさせていただくことに。

ごちそうさまでした。本当に美しい時間だったなぁ。

酒場っ子メモ　ふく木からも遠くない那覇港近くの「波布（はぶ）」は、「沖縄そば界のラーメン二郎」とも呼ばれる、バカ盛りの「肉そば」が650円。夫婦ふたりで一杯を分けあって、満腹になって帰ったことがありますが、「一杯のかけそば」とは似て非なるエピソードですね。

そしてふく木は、僕が沖縄に行く際には必ず寄りたい、心の故郷のようなお店になりました。

ただひとつ思うのは、沖縄にはこういう名店が他にもいくらでもあって、それぞれが探し、それぞれが心の故郷にするのが正しい楽しみ方なんだろうと思います。

知れば知るほど懐の深い沖縄という土地。これからも、たくさんの驚きを味わわせてもらえるよう、精進して飲んでいきたい所存。

日常の隣にある秘境、天国酒場

埼玉・飯能「橋本屋」

この世には、「天国酒場」と呼ばれるジャンルのお店が存在します。いや、存在するというか、僕が勝手に呼んでるだけなんですが。

端的に説明すると、「派手な観光地や景勝地ではなく、街なかの、何気ない河川敷や、公園の池のほとり、田舎道などに突然、ぽつんと存在する、奇跡的にシチュエーションの良い飲食店」のこと。

大衆酒場というよりは「茶屋」や「休憩処」に近いお店が多く、しかしビールやカップ酒くらいは置いてあったりして、そういうところで素朴な焼きそばなんかをつまみにのんびりと飲んでいると、まるで自分がもはや天国にいるような、目の前を流れているのが三途の川のような、たまらない恍惚感を味わうことができるんですよね。

料理の味はシチュエーションに大きく左右されると信じているわけですが、天国酒場は、その舞台装置が極まってしまったお店というわけ。

代表的なのは、いまやその素晴らしさが世間一般にも広まり、雑誌やＴＶで紹介されることも珍しくなくなった、稲田堤の「たぬきや」。多摩川の広大な河川敷に突如あらわれる掘っ立て小屋のようなお店でありながら、お酒も料理も異常に充実していてうまい。

扉が開け放たれ、屋外との境界が曖昧になった店内。川面で適度に冷やされた風に吹かれながら飲む夏場の生ビールの、なんと爽快なことか。家族連れ、ランニングやサイクリングの途中で寄る人、犬の散歩にやって来た人と、その犬や、野良猫、我々のような酒飲み。誰もがわけへだてなく自由な時間をすごす空間は、まさに天国そのものです。

そういったお店の存在に気づき、勝手に「天国酒場」などとジャンルにしてしまうと、それまで漠然としていた概念が、あたかも「前からあったもの」のようになってしまうのはおもしろいですよね。「あ、ここもそうだな」とか「あそこにも天国酒場がありましたよ」てな感じで、ちょこちょこと情報が集まるようになり、監修させてもらっている『酒場人』という雑誌では「天国酒場へようこそ」という特集を組んだりもしました。

店主が釣堀の上に自分で建ててしまった前代未聞のリゾート酒場「武蔵野園」。横浜、鶴見川沿いにある駄菓子屋兼、食堂兼、居酒屋「阿部商店」。京都・嵐山の保津川沿いにあり、なんと対岸まで自分でボートを漕いでゆく「琴ケ瀬茶屋」。新神戸駅から徒歩15分とは思えない、雄大な滝を間近に眺めながら飲める「布引雄滝茶屋《ぬのびきおんたき》」。

一度意識しだすと次から次に見つかり、世の中にはこんなにも天国のような酒場が隠れていたんだなと、驚くばかりです。

そんな天国酒場の中でも、僕が特に大好きなお店が、埼玉は飯能にある「橋本屋」さん。ここがま~本当に、奇跡としか言いようのない名店なんです。

きっかけはインターネットでした。

別件で、「山で飲む酒のうまさ」について調べ物をしていた時、ブログに飯能で楽しんだ山登りを楽しんだ記事を書かれている方がいて、その中に、「帰り道に駅へ向かう途中、川沿いのお店で休憩しました~」なんて、サラッと1枚の写真が載せてあったんですね。それがもう、目を疑うほど素晴らしい光景！

お座敷のような広間の真横を川が流れ、かといって京都の川床みたいに敷居が高い感じじゃなく、天国酒場の香りがプンプン漂ってきます。

山と酒のことを一瞬で忘れてしまった僕は、「なんで詳細書いてくんないのよ〜」などと文句を言いながら、必死にネット上を検索。あまり多くない情報の中からお店の特定に成功しました。

さっそく次の休日、妻や友達を誘ってでかけてみることに。

埼玉県飯能市は、都心のターミナル駅である池袋から、西武池袋線に乗って50分弱。意外と気軽に行けるんですが、駅から数分も歩くと美しい清流の流れる自然豊かな土地で、気軽に川遊びやバーベキュー、キャンプなどを楽しむこともできます。僕は沿線に住んでいたこともあり、子供の頃からよく遊びに来ていた思い出深い街。

橋本屋は、そんな川沿いにせり出すように建つ2階建てのお店で、その歴史は60年以上。対岸から外観を眺めるだけでも価値がある味わい深さが、まずもって素晴らしすぎます。というか、昔から遊びに来ていたスポット「飯能河原」のすぐそばにあるのに、なんでこの存在に気づいてなかったんだ！　自分！

渋谷の「細雪」にも通ずる、「見える人にしか見えないお店」ということなんでしょうね。

バーベキューセットの貸し出しなどもされているので、夏場は川遊びの人たちで大にぎわいとなりますが、その他の季節も通年営業してくれているのが本当にありがたい。オンシーズン以外は基本、川のせせらぎと木々のざわめきだけに包まれた、静かな時間の流れるお店です。

初めて訪れた時は本当に感激しました。

まず遠景に心打たれ、近寄ってみると、味わいのある手書き文字の看板で装飾された正面からの眺めは、荘厳とすら感じるほど。

扉を開けると、店内は縦長の畳敷き座敷で、片側一面が大きな窓になっています。その下を流れるのは入間川。陽光がふんだんに差し込み、川面に反射した光はキラキラと天井を照らし、開け放たれた窓からは心地良い風が通り抜けてゆきます。まさに、天国!

店内の装飾品や、無造作に置かれた日用品、予約すると2階席が使えるらしく「今晩はこゝから2階に上る事はできません」といった注意書き、すべてが味わいの極致で、いったん落ち着いて着席するまで、15分くらいはあれこれ眺め回ってしまいました。

客席を仕切るのは美人で話好きの女将さん。厨房には無口ながら仕事熱心なご主人。このお

カラオケ
どうぞお唄い下さい
一曲200円

ふたりの人がらが本当に温かく、それから何度も通うようになるうち、顔を見せるたび、まるで家族を迎えるように喜んでくれるようになって、こちらも思わず涙ぐみながら「ただいま」なんて言ってしまいそうになります。

例えば女将さん、僕たちが座布団を席に運ぼうとでもしようものなら、「いいのいいの！ 私がやるから置いておいて！」と、絶対に触らせてくれません。ビールの次にチューハイを注文すれば、すぐに新しいコップを持ってきてくださり、「同じコップでも大丈夫ですよ」と言っても「私、飲まないからわからないんだけど、味が混ざっちゃうでしょ？ せっかくだからこっち使って」と。これが、毎度恒例のやりとり。

メニューは、そば、うどん、ラーメンなどの麺類から、カレーライスや焼肉定食、コロッケ定食などのご飯もの、みつまめ、あんみつ、おしることといった甘味もあります。飲み物は、ビールの大瓶が７００円、ウーロンハイが４００円、日本酒３００円、他、ジュースやラムネ、紅茶にコーヒーなど、老若男女完全対応の布陣。

全体的にお手頃なんですが、さらに嬉しいのが、通りに向けて持ち帰り用に販売されている缶ビールや缶チューハイも、店内で飲めるということろ。缶ビールは３００円、発泡酒や缶チューハイはなんと250円ですよ！

そして、我々のような酔客に嬉しいのが黒板のメニュー。「芹《せり》のおひたし」「菠薐草《ほうれんそう》おひたし」「公魚《わかさぎ》の天麩羅」などなど、ご主人の達筆で書かれた酒飲み好みのおつまみの数々は、お店でも出されている地酒「天覧山《てんらんざん》」に合わせたくなってしまうラインナップです。

中でも外せないのは、「蒟蒻《こんにゃく》の煮つけ」と「烏賊《いか》の煮つけ」の2トップですね。どちらも、数十年は継ぎ足しで使っているという特濃ダレでじっくり煮込まれており、見たこともないほど真っ黒に染まったコンニャクには、イカの旨味も染み込んで、ちびちびとかじっていれば、いつまででも飲んでいられます。

女将さんはこれまで、いろいろなお話を聞かせてくれました。

印象的だったのは、常連さんで、気軽に登れる近くの天覧山でハイキングをしたあと、必ずここに寄ってご飯を食べ、横になってひと眠りしてから帰る方がいるという話。このご時世、一体どこの飲食店が、そんなのんびりとした客を許してくれるでしょうか？

驚いて「え！　寝ちゃっても大丈夫なんですか？」と聞くと「いいのよ～、よかったらやって

酒場っ子メモ　沿線住民以外にとってはマイナーな飯能ですが、数年後には駅舎がめちゃくちゃおしゃれにリニューアルされ、さらには日本初のムーミンテーマパーク「Metsa」がオープン予定。そのうち日本の首都になっちゃうんじゃないかとひやひやしてます。

みて。気持ちいいから！」と。以来、僕もここを訪れるたび、川のほうを頭に窓を開け、しばし目をつむって、この素晴らしき空間を全身全霊で味わう喜びを享受しています。

窓の下の入間《いるま》川を眺めると、運が良ければ、女将さんが餌づけしているアオサギの「しーちゃん」に会えることがあります。調べてみるとアオサギって、そう簡単に人に懐いたりする鳥じゃないそうですね。しーちゃんもまた、天国酒場の心地良さと、大将や女将さんの人がらに惚れて通うお客のひとり、いや、一羽なのかもしれません。

「餌は何をあげてるんですか？」と伺った時の、女将さんの「豚肉！」という答えは、あまりに意外すぎて大笑いしましたが。

酒場の神様に守られた街

中井「錦山」

いきなりですが、西武新宿線の「中井」という駅、知らないでしょう？いや、なじみのある方にはいきなり失礼すぎる話ですけど、長年西武線ユーザーとして生きてきた自分でさえ、つい数年前まで知らなかったんですもん。それくらい、沿線の中でも地味な存在。今も駅前に踏切が健在で、妙正寺川が線路と交わるように流れ、商店街というほど大規模な通りもない、こぢんまりとした街です。

だけど、実はそんな中井が、「酒場の神様に守られた街」だと言ったら、ちょっとワクワクしませんか？

いや、古くからの伝承があるとか、お酒に関する神社があるとか、そういうことじゃないんです。けど、中井で飲むといつでも「なんでこんなにいい酒場が、こんなにいい空気感を保ったまま、静かに粛々と営業を続けてこられたんだろう？」と、思わず噛み締めてしまうんですよね。まるで酒場の神様が、この街一帯を見えないベールで守っているんじゃないか？　とでも思ってしまうような。

絶対数こそ少ないものの、驚くほどクオリティの高い名店揃いなのが中井のすごさ。

平日だろうが関係なく昼間っから盛り上がる、もつ焼きの「狭山」。低姿勢でチャーミングな親父さんの魅力は、一度行ったら忘れられません。「くりから」は、比較的新しい店ながら、東京の伝統であるうなぎの串焼きで飲める、ピシッと一本筋の通った名店。赤塚不二夫先生のいきつけで、いまだに当時のキープボトルが残っている「権八《ごんぱち》」は、驚くほど正統派の大衆居酒屋。古い喫茶店のような雰囲気の「楽屋」では、何を頼んでもその安さとボリュームに言葉を失うことでしょう。

先日、ラズウェル細木先生や、ライターの安田理央さんらと中井飲み歩き取材をしていてふらりと入ってみたのが、川沿いの「茶屋」というお店。店名とは裏腹に「麺線《めんせん》」や「魯肉飯《ルーローファン》」といった台湾系のメニューが豊富で、店員さんや常連さんの空気感も相まってしみじみと居心地が良く、「中井、結局どこに入ってもいいんじゃん！」「むしろ良くない店はどこ⁉」と、あらためて驚かされたところです。

そんな中井の中でも、最高峰と断言するにやぶさかでないのが「錦山《きんざん》」。駅を出て、川沿いの道を2、3分歩いたところにある、昔ながらの大衆酒場で、カウンター、テーブル、座敷と、それほど広くないながらも一通りの席が揃った店内は、開店からしばらくすると、すぐに常連さんで満席になってしまいます。

看板やのれんには大きく「やきとり」の文字が踊りますが、他にも一品料理、揚げ物、ご飯ものなど、とにかく種類が豊富で、それが日々入れ替わる。しかも、多くのお客さんが目当てにやってくるのは鮮魚系のメニューというオールマイティーさ。

ウーロンハイや梅サワーなどは300円とじゅうぶんに安い。その中でレモンサワーのみ、さらにお得な280円。僕、この、お酒メニューのなかでどれかひとつだけでも、ほんの少しでも安く出そうとしてくれるサービス精神のお店に弱いんですよね。

それにしても、全体的にほとんど立ち飲み屋のような価格は、むしろこちらが心配になってしまうほどです。ちなみにラズウェル先生による高評価ポイントは、ちゃんとした地酒がどれでも

1合380円と破格なところ。「普通この倍はとるでしょ……」と、なかば呆れ気味におっしゃられていました。

それではさっそく、「本日のちょっと盛」を頼みましょうか。え？　説明がまだでしたっけ？　すみません、錦山に入店↓即、ちょっと盛注文、は、もはや僕のルーティーンになってしまっているので。

これ、720円の刺し盛りなんですが、はっきり言って全然ちょっとじゃない！　大概7種類くらいの見るからに新鮮なお刺身が、ドサドサと気前よく盛られてやってきます。もはや「看板に偽りあり！」と怒ってもいいレベルですよ（満面の笑み）。

丸皿に風景を描くように美しく盛られたお刺身たちの中でも特に楽しみなのが、ある時はウニ、ある時はイクラ、ある時は生しらすがのった軍艦。一見ごく普通の、と思いきや、なんと通常ならシャリが入る部分に詰まっているの、ネギトロなんですよ！　これを初めて食べた時の驚き。2種の魚介と海苔が織り成すハーモニー。錦山に骨抜きにされた瞬間です。

嫌いでなければ、ぜひ「貝ざんまい」もいきましょう。年末のある日に伺った時のメニューを例にすると、赤貝、とり貝、姫サザエ、カキの4種が、これまたドサ盛りで980円。貝って、

よく見るとなんだかよくわかんない見た目をしてるのに、なんでこんなにも酒飲みの心を引きつけるんですかね。
刺し盛りと貝盛りを思う存分。こんな贅沢が気軽にできるお店、そうはないですよ。
で、ですね。ここからは本当は内緒にしておきたい、秘密のゾーンなんですけれども、みなさん、酒場に行って、酢の物の盛り合わせがメニューにあったら、頼みます？僕は頼みません。嫌いというわけじゃないんですが、他にも美味しそうなものがいっぱいあるじゃないですか。全国の酸味ファン諸氏には申し訳ないですが。
ところが、錦山の「酢のもの盛合せ」は、頼んでおいたほうがいい！　ある日のラインナップ、爽やかな酸味のタレにキュウリがのり、その上になんと、タコ、イカ、白子、そしてカニの足肉がたっぷりと！　それで４８０円という驚異的なお値段。酢の物の常識をくつがえす酢の物、まさかここにあったとは。

ここからはもう、好きにやってください。定番の天ぷら盛り合わせも味わっておきたいし、もつの味噌炒めなんかもいい。冬場ならボリュームたっぷりの鍋物が、信じられないことに500円台からあります。

会津産の馬刺しはサシの入らない完全な赤身で、ちょっとレバーに近いようなネットリムッチリとした食感。馬特有のコクのある旨味が豊かで、トロッと甘くて、じっくりと味わったのち、スッと酒を流し込むまで、ひと言もしゃべりたくない逸品です。

毎回、あとから思い返すに「あれは夢だったのでは?」とすら思わされるほどの満足感を味わわせてくれる、中井の錦山。

なのにご主人や店員のみなさんは、おごった様子など一切なく、調理や接客の仕事を丁寧に丁寧にこなされています。ご近所なことが心底うらやましい常連のみなさんも、僕みたいに、「アー」だの「ウーン」だのいちいち大げさに感動することもなく、「ただ、近所で、良い店だから来ている」って感じで、すごく自然に楽しまれているのがまたいいんですよね。

酒場っ子メモ　ラズウェル細木先生の『酒のほそ道』41巻に、「中井飲み」のエピソードが登場します。その時の取材に、僕とライターの安田理央さんが同行させてもらったんですが、作中ではふたりの名前を合わせた「ダリッコ」というひとりのキャラになってて笑いました。

酒場の神様に守られた街、中井。まだまだ奥が深いことに間違いはないので、引き続き、じっくりのんびり、調査を進めていこうと思います。

時間の止まった町中華の世界

大久保「日の出」

街なかに古くからある、地元民のための気どらない中華料理屋。本場中国からコックを呼び寄せるなんてとんでもない。ラーメンもあれば、カレーもあれば、カツ丼もある。そんなお店を「町中華」と呼ぶらしいですね。ライターの北尾トロさん、下関マグロさんらが中心となり「町中華探検隊」なる団体を作ってこの文化を掘り下げたりしているところから、しばしば耳にするようになった言葉です。

近所の中華屋で、餃子とビール。締めにラーメン。昭和の時代から脈々と受け継がれてきた、庶民の幸せといえましょう。

町中華は酒飲みにとっても大変ありがたい存在。なんらかの理由で昼間っから酒が飲みたくなった時、居酒屋が開いていなくても、こういうお店ならば、軽い一品料理をつまみつつのビールや日本酒にありつける確率はかなり高いです。

とある夏の夕方、出先での仕事が早めに終わり、あとは直帰するだけという素晴らしい状況が発生しました。日が落ちるまでにはまだまだ時間がある。これ、人生における「ちょっと一杯やってから帰りたいシチュエーション」のベスト3に入りますよね。

今僕がいるのは、新宿から高田馬場の小滝橋《おたきばし》までをつなぐ「小滝橋通り」。場所は新宿にも大久保にも近いあたりです。ここからなら「思い出横丁」も徒歩数分ですが、なんとなく今日は新規開拓をしてみたい。何しろ気持ちに余裕がありますからね。そうだ！　と思い立ち、大久保方面へと向かうことにしました。

大久保というと、メインストリートにも裏通りにも韓国系のお店がびっちり並ぶ、日本屈指のコリアンタウンとしてあまりにも有名です。むしろ、そういうお店しかない街だと思い込んでしまいがち。ところが、裏に回るとちゃ～んと、味のある飲み屋街も存在するんですよね。

新宿から小滝橋通りを大久保方面に進み、百人町の交差点を越えてすぐ、大久保駅南口に斜めにつながる横道がそれ。コリアンタウンを目当てに来た観光客の方も、さすがに足を伸ばさない

酒場っ子メモ　大久保、以前働いていた会社があって思い出深い街です。職安通りにある「ドン・キホーテ」の脇に中華料理の屋台酒場があって、３年間くらい毎日のように通ってたな……。人生でもう一度だけ食べたいものといえば、そこの「海老の長春巻」。

であろうエリアです。

この日も「楽しいな〜!」とワクワクしながら、通りを一往復。立ち飲み屋、焼鳥屋など良さげなお店がチラホラありますが、中でも僕が、ガッツリと心を鷲掴みにされてしまったのが、典型的な町中華の「日の出」。

白地に黒文字のシンプルな看板に、思わずガラスに両手をついてうっとりと眺めたくなってしまうメニューサンプル、入り口横でけなげに出番を待つ「おかもち」。今日この状況で、こんな魅力的なお店の前を素通りなんてできませんて。

サンプルの前に立ち、メニューを眺めてみると、驚くほど安い。なんと「ラーメン」が400円！見るからに豪華そうな「タンメン」や「マーボーメン」でも500円！　この立地ならば全体的に、あと300~400円ずつは高くてもいいのにと、勝手に老婆心を抱いてしまうレベルです。

ではではと入店すると、中途半端な時間なので人はまばら。

何はともあれ、瓶ビールをいただくことにします。暑い中ウロウロしたあとのよく冷えたビールは、神の飲み物ですからね。

それにしてもこういう大衆中華って、やっぱり瓶ビールが似合いますよね。

実は僕、あまり大きな声では言えないんですが、「瓶ビール」に対し、人が言うほどの魅力を見いだせていない側の人間なんですよ。

……あ～あ、言っちゃった。

かの食通、池波正太郎先生を代表とするような、由緒正しき酒飲みからすると、「ビール本来の味をきちんと味わいたいなら、瓶」ということになるわけじゃないですか。しかも「小さめのグラスに慎重に注ぎ、一息に飲み干す」と。だけど僕、個人的には、ビールはもうグビグビグビッと「喉」で味わいたいタイプなんで、キンキンに冷えた生ビールこそ最高。そもそも小さめのグラスだと、一口目に足りないんですよ。なので、「途中でぬるくなるなど言語道断！」な「大生」だって大歓迎。

だけどなぜか、大衆中華にはやっぱり瓶ビールが似合う気がします。ならこんなカミングアウト必要あったのかっていうね。自分の心の中に住む天使が、告白せずにやりすごすことを許してくれませんでした。

さて、お店は長い歴史とともに歩んできたのであろうご夫婦と、その息子さんで営まれているようです。この3人の雰囲気がたまらない。

注文は女将さんがとりに来てくれたんですが、「ここ（エアコンが当たるから）寒くない？良かったらいつでもこっちに移ってね」なんて、まるで家族同様に優しく接してくださいます。

ところが店員さんどうしの会話は常にどこか喧嘩腰。大将がテレビを見ながら「どこもブラジル（ワールドカップ）ばっかりだなー！」と言うと女将さん、「何言ってんのよ、サッカーなんていいから仕事仕事！」ってな感じ。仲が悪いというんではなく、これが家族間のいつもの空気なんでしょう。

つまり、さっき僕が「家族同様に」なんて感じたのは錯覚で、店に通い詰め、この会話に自然に混ざれるようになってこそ、本当に家族と認めてもらえた時なのかもしれません。

店内は、素晴らしく長方形。まるでボックスティッシュの中にいるかのよう。すみずみにまで掃除がゆき届き、壁にぴっちりと貼られたメニューにも一分の狂いもなく、居心地はいいんだけど、どこかピリッと気分の引き締まる感じもあります。

メニューはまず、「中華丼」「マーボー丼」「ハムカツ定食」など、500円から幅広くとり揃う定食系や、麺類。

嬉しいのは、どちらも300円の「半分チャーハン」と「半分カレーライス」。酒飲みって、飲んじゃえばご飯ものはそんなに必要としないんですけど、「少しだけチャーハンやカレーを味見してみたい」っていう、どうしようもなくわがままな欲求は芽生えたりするもんなんですよね。そこにきての手頃なハーフサイズ。痒いところに手が届くとはこのことじゃないですか。

さらに驚きなのが、お酒類のものすごい充実っぷり。生ビールは390円、ホッピーセットは380円、チューハイが290円で、焼酎水割が250円。「さぁ飲め！ ほら飲め！ 好きなだけ飲め！」と言われてるようなもんじゃないですか。

それに合わせ、おつまみ系の一品料理も豊富。まずは手始めに「にらのおしたし」なんてどうでしょう？ おっと、「おしたし」っていうのは、僕の江戸っ子アピールとかではなく、お店の表記そのままですからね。大きめの皿に荒く削られた鰹節がダイナミックに踊り、ニラ自体もかなりのボリューム。それで250円だってんだから、やっぱりこの店、どうかしてる。

ちなみにこれは、その後通っていくうちにあみ出した技なんですが、僕、前にどこのお店だったかで「ニラユッケ」なるものを食べて気に入り、以来たまに晩酌のおつまみに作ってるんですよね。要するに、ゆでたニラに生卵の黄身を落としてユッケ風の味つけで食べるんですけど、なかなかオツな味なんですよ。日の出のメニューには50円で「生玉子」もある。となれば、おひたしにトッピングして「ユッケ風」に食べられるじゃないですか！　こういう、自分なりのカスタムって、好きなお店への思い入れがさらに深まる楽しみかたでもありますよね。

しかもこの話、実はちょっと自慢したくなる続きがあって、ある時この「ニラユッケ風」を勝手に作って食べていたら、女将さんに「あら、お兄さん通ね。常連さんに聞いたの？」なんて声をかけてもらったことがあるんです。つまりこれ、常連さんの間でも定番になるほどに相性ぴったりの食べ方だったというわけ！　どうです？　ひとりでたどり着いたんですよここに。すごいでしょう？　え、くだらなすぎて全然自慢に感じないですか？　……まぁいいんですが。

次にやって来たのは、ちょっとおもしろそうなメニューだな、と思って注文した「酢どり」。400円という手頃な価格と「酢」の響きから、何かあっさりした前菜的なものがやってくると想像していたら、ものすごいボリュームの、「酢豚の鶏版」がやってきてしまいました。

この時点で、当初の目的であった「ちょっと一杯やって帰るか」は破綻し、本腰を入れて対峙しないとやっつけられないレベルのお店だったと気づきます。

ラードの香りがふんわりと漂う肉屋系の鶏から揚げ、そこに甘酸っぱいトロミのある餡を絡めてあるんですが、なんと野菜は一切なしで、皿の上、たっぷりと肉だけ。ただ、見た目に反して味は濃すぎず、しかもめちゃくちゃ柔らかいので、バクバクと食べ進められてしまいます。お腹が空いた時に来て、これと200円のライスを頼んだら、すごい丼が完成すると思う……。

うまいうまいと食べていると、さらに頼んであった「しめじの竜田揚げ」が到着。これがまた、さっきの繰り返しになってしまいますが、ものすっごいボリューム！

そもそも僕は、ちょっとした小皿のおつまみ2、3品とおひたしで、軽～く飲んで帰ろうか、という計画を立てていたんですよ。それが今やどうでしょう。真っ茶色な大皿2枚と大盛りのニラを目の前に、ただただ無心で飲んで食ってを繰り返す、フードファイター状態。常連さんからしたら、単なるバカ野郎です。

ちなみに、これまた人生で初めて出会ったメニュー、しめじの竜田揚げ。予想していたのは、かき揚げとかフリッターっぽいものなんですが、なんとしめじを1本1本ほぐして、ふんわりとした衣をまぶして揚げてあります。相当手間がかかるでしょう、これ。

ただ、衣が軽いので、どんどん箸が進んでしまいますね。ほら、よく「半分だけ食べよ～」とか言ってスナック菓子を開けたが最後、食べきるまでその手を止められないことってあるじゃないですか？　まさにあの感覚。ポイッ、サクッ、ポイッ、サクッ、て感じで、エンドレスに食べてしまう。中身はしめじですから、衣の下にはシナッとした、フワッとした、あの独特の食感があり、またきのこ類特有の艶《なま》めかしい旨味も感じられます。

レベルの高い中華料理とスナック感覚の同居というか、なんともおもしろい一皿だな〜。そして、酒のつまみとしても最強クラスですよ、これ。

チューハイなどをおかわりし、手強くも絶品の日の出中華を堪能。今日はもう帰って寝るのみだ。ごちそうさまでした！

さて、ここ日の出も、実は２０１６年に閉店してしまいました。そのことを思い出すだけでも切なくなる、本当に大好きだったお店。

もうひとつ、ちょっとほっこりするエピソードがあるので、最後にそちらをご紹介させてもらいたいと思います。

ある時、友達とふたりで日の出で飲んでいて、お気に入りのしめじの竜田揚げを注文しました。

すると女将さんより、「今日はしめじがないのよ。ごめんね。『エレギ』ならあるんだけど」とのご提案。「エレギ、エレギ……あぁ！　じゃあ、それください！」。

　はたしてやってきたのはご想像どおり、「エリンギの竜田揚げ」です。いただいてみると、肉厚な食べごたえがしめじとはまったく違い、甲乙つけがたい良さ。「美味しいです！」とお伝えすると、「そう？　じゃあメニューに加えておこうかしら？」「それがいいですよ」という流れになりました。

　で、女将さん、しめじの竜田揚げの短冊をはがし、そこに鉛筆で下書きを始めたわけですが、見るとでっかく「えれぎ」と！

　少し訛ってたとかじゃなくて、女将さんの中では完全に「えれぎ」だったんだ！

　そのままのほうがおもしろいので余計なこととは思いつ

つ、他のお客さんが困ってしまってもなんなので、友達と「えっと、わかりやすいのは『エリンギ』かもしれませんね」「うん、スーパーなんかだとそう書いてあることが多いよね」なんて言いながら、「え？　えりれぎ？　えれ……ぎ？」と、しばしやりとり。そこにお酒の配達にやってきたお兄さんも加わって「だから、エリンギだってば～」などとすったもんだの末、ついにメニューに「エリンギ」の文字が足されたのでした。いや～、達成感あったな、あの時。

老舗に勝るチェーン店もある

吉祥寺「串カツ田中」

僕にとって、大衆酒場でお酒を飲むことは最高のエンターテイメントであり、同時に究極の癒しでもありますが、そりゃあたまには、少し残念な思いをすることもあります。

吉祥寺のとある老舗酒場が大好きで、以前からよく通っていました。が、ある時、その日はたまたま僕とお店の波長が合わなかったんでしょう。ことごとくうまくいかないことがありました。

休日の昼下がり、妻とふたりでお店にお邪魔し、お父さんと小学生くらいの娘さんが先に座っているテーブルに、相席で通してもらいました。お店は大混雑で、入りたての新人さんが多かったのか、全体にどこか余裕のない雰囲気。注文のために手を上げてもなかなか気づいてもらえず、やっと呼び止めても、「お待ちください」とだけ言われ、なかなか聞きに来てもらえない。今日はとりあえず一杯と一品ずつだけ注文し、早めにお店を出ようか、なんて話しながら、頼んだ生ビールを待ちます。

少々荒々しくドスン！　とビールがやってきたのが、お店に入ってから20分後くらいでしょうか。そこでなんとかおつまみも注文。

無論、これまたなかなかやってこないばかりか、あとから同じものを頼んだ隣の親子に、先にその料理が届いてしまうという、ベタな展開に。

こういう時、僕が抱く一番大きな感情は「気まずい……」です。普通なら怒るべきところだろうに、いい人ぶってるとか、そういうんじゃないんすよ。根が小心者なので、店員さんに催促しなければいけないことも、「隣の家族が気を使ってしまうんじゃないか？」と想像することも、すべてが気まずいんです。もう、その場にいるのがいたたまれない。

案の定、これに気づいてしまった娘さんが「お父さん、これ、隣の人が先に頼んだ……だよね？」と耳打ちしていますが、距離が近いんで丸聞こえ。そうなってくると娘さんの手前、泰然自若としているのも不自然ですし、注文が忘れられているという可能性だってある。しかたなくなんとか店員さんを呼び止め「すみません、さっき○○を頼んだんですけど……」と。

嫌でしょう？　この状況、想像するだけでも。ただし、まだ道はあります。そこでの反応ですよ！　ピンチはチャンス。ここで店員さんが、「あらやだ私ったら！　すみません、すぐにお持ちしますからね～」とでも返してくれれば大逆転。僕も「いやいや、ゆっくりでいいんですよ」なんて笑顔で返せばいいし、そんな出来事があったからこそ、逆にありつけた料理が美味しく感じられたりもしますよね。

が、この時の店員さんは「はぁ……」といった感じ。

いや、決して誰が悪いんでもないんです。人間、誰だって余裕がなくなる時もある。ただただ、偶然自分とお店の波長が合っていなかった。それが証拠に、ここには僕、その後も通ってますから。が、この日に限っては、思い出すとちょっぴりセンチになってしまう、あまり楽しめない時間がそこにあった。ようやく届いた品々をたいらげたら、早めに失礼するのが吉でしょう。

さて、ここからが大切！

すぐに気分を切り替えていかなければ引きずるし、そもそもまだ全～然飲み足りない！

時間が早いんでお店も限られてるだろうな～と思いながらも街を徘徊してみると、お、チェーン店の「串カツ田中」が開いてるじゃないですか！

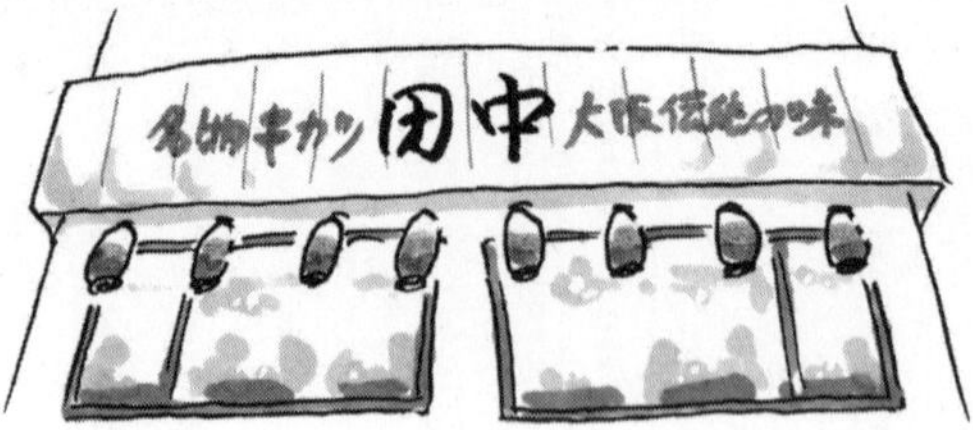

今、関東を中心にものすごい勢いで増えてますよね、串カツ田中。「大阪伝統の味」なんて大々的に打ち出しておきながら、大阪ではなく東京に本社があることから、「ニセモノじゃん！」な~んて知ったかぶってる方も多いかもしれません。そもそも、個人経営の大衆酒場が好きな方の一部には、チェーン店を毛嫌いする方も少なくない。

こういう状況にあっても、選択肢に入らない、もしくは、視野にも入らないというハードコアな酒場ファンもいるのかもしれませんが、僕は飲めるならば大歓迎。「天の助け~！」とばかりに、入店することに。

そしたら、嬉しい時間が待っていましたよね。

我々夫婦がお店に入るなり、フレッシュ感溢れる男女の店員さんたちが全員で「いらっしゃいませ~!!」と元気に迎えてくれます。「お席はこちらでいかがでしょう？　お荷物はこちらのカゴをお使いください！」と、手とり足とり、テキパキと案内してくれます。

「あぁ、これだよ……」

実は串カツ田中に入ったのはこの時が初めてだったんですが、すでにお店のファンになっていました。

飲み物はどうしようか？　お、「チンチロリンハイボール」なんてのがある。サイコロをふたつ振って、出た目の合計が偶数だったら半額、奇数なら倍額、ゾロ目ならなんと無料という、遊び心溢れるメニュー。しかも、もし奇数が出てしまっても、倍の量のハイボールが出てくるという、絶対に損はしないシステムになっているみたい。

「よ～し調子に乗って頼んじゃうか～！」とお願いすると、即座に届くサイコロセット。えいっと振ると、先ほどの反動でしょうか、半額の偶数や無料のゾロ目が続き、その度に担当の店員さんが、「おめでとうございます！　ハイボール1杯無料で～す！」なんて笑顔で祝福してくれます。

あぁ、嬉しい……楽しいよ……。

決して大袈裟じゃなく、この出来事には「酒場の真理」が隠されていないでしょうか？

どんなに歴史が古くても、いい料理やお酒を揃えていても、根底でお客さんのことを考えているお店でなければ、癒しや居心地の良さは生まれない。逆に、たとえ新進気鋭のチェーン店だって、お客さんをもてなそうという気持ちがあれば、そこは最高の酒場になる。もちろんそのためには、お客である自分もまた、サービスを提供してくれるお店に敬意を払わなければいけない。つまり、結局は「人対人」でなければ、酒場と客の関係は良好なものにならないのではないかなと。

実際この時、僕、こうして楽しみながらも、油断すると涙がこぼれ落ちそうでしたもん。串カツ田中でハイボールが無料になってオイオイ泣いてるやつ、不気味すぎるだろうからがまんしましたけどね！

もちろん店舗数の多いチェーン店なので、全部がそうだと僕が保証することはできないんですが、少なくとも、あの日の串カツ田中吉祥寺店には、酒場の店員の鏡のような方たちが揃っていた。今でも本当に感謝しているし、そこそこ長くなってきた酒飲み人生の中でも「印象的な瞬間ベスト10」に入る、素晴らしい体験だったといえます。

おっと、まだハイボールしか頼んでませんでしたね。肝心の串カツですが、どれもボリューミーで、お手頃価格で、油の香ばしさをたっぷりとまとい、熱々。文句なしにうまいですよ。紅生姜の串カツが東京で気軽に食べられるのも嬉しい。絶対に頼んだほうがいいのは「鶏手羽」。これ、1本120円なんですが、骨つきのままカラリと揚げられた肉がふわふわジューシーで、あからさまに一番お得なんじゃないの？　ってくらいのビッグサイズ。

ハイボールをはじめ、ビールにホッピー、それからチューハイにガリを浮かべた「ガリ酎」などの炭酸系のお酒にめっちゃくちゃ合います。

馬肉を干した「さいぼし」や「牛スジ土手」など、お酒の進む一品料理も充実。はっきり言って、相当に使い勝手の良い、素晴らしい大衆酒場ですよ。

最後に、串カツ田中の名誉のために記しておきましょう。

「大阪伝統の味」の件ですが、田中の串カツは、2008年に世田谷に1号店をオープンする際、大阪・西成区で育った現副社長、田中洋江《ひろえ》さんの亡きお父様が残したレシピをもとに作り上げた、正真正銘の「伝統の味」だそう。現在もその味をブレることなく提供することこそが田中の経営理念とのことで、ほらほら、「ニセモノじゃん!」なんて余裕の笑みを浮かべてた方も、妙なこだわりは捨てて、一度食べに行ってみてはどうです?

最近、あなたの家の近所にもできたんじゃないですか? 串カツ田中。

酒場っ子メモ　個人経営の酒場で飲んでいて、大将や女将さんに「最近、〇〇ってチェーンが増えてて、若い人はみんなそっちへ行っちゃうんだよ!」なんて言われるとものすごく複雑。なんせ、そっちも嫌いじゃないもんで……。

そろそろ「地元にいい店がない」って言うのやめません？

石神井公園「和風スナック　とき」

「うちの地元、ぜんぜんいい店ないんだよね～」

って、つい言っちゃってませんか？

広い日本、マジで駅前に一軒の飲食店もない街にお住まいの方もたくさんいらっしゃるでしょう。だとしたらすみません。が、今はそういう話をしてるんじゃないんです。

例えば東京なら、新宿、渋谷、池袋、みたいな派手な都市ではなく、私鉄沿線のそんなにメジャーじゃない街に住んでいるような人が、地元に対して若干自虐的に発する「いい店ない」宣言。これ、自分もそうなので気持ちはわかるんだけど、言えば言うほど、どんどん人生つまんなくなっちゃうと思うんです。

「だけど本当にないんだもん！」という方もいらっしゃるでしょう。僕も物知りなほうじゃありません。広い日本、マジで悪質なぼったくり店しか存在しない街がどこかにあるのかもしれない。が、最初からそんな風に思い込んで「ちゃんと探してない」というパターンのほうが多いんじゃないかなって。どんな街にも、自分の気に入る酒場のひとつやふたつは必ずある。そう信じて、積極的に地元を楽しんだ方が、豊かな人生を送れそうじゃないですか？

例えば僕の住む「石神井公園」。西武池袋線という私鉄沿線の駅でして、人生で一度も降りたことないって方のほうが多いでしょう。「大きめの公園がある」という若干のアドバンテージはありますが、やっぱりどちらかといえばマイナーな街。

しかしながら、その周辺だけを見ても、心から大好きなお店がたくさんあります。思いつくままに挙げていってみましょうか。

まず、僕のホームともいえる「伊勢屋鈴木商店」。南口の商店街にある酒屋さんで、店頭にテーブルとベンチが常設されていて、そこで店内で買ったお酒を飲める、いわゆる「角打ち」店。寡黙なご主人と、美人でお話好きのあけみさんのご夫婦で営まれており、角打ちといってもハードコアな感じじゃなくて、むしろカフェっぽくすらある明るい雰囲気。品揃えにも相当なこだわりがあり、練馬区産のブルーベリーを使った「ネリマーレンブルーベリーブロイ」や、樽で仕入れる季節がわりの海外ビールなど、貴重な生ビールがいただけるのも特徴です。

常連さんも気のいい人たちばかり。「小俣商店」の小俣さんをはじめ、ここでの出会いも数知れず。もちろん一見さんも超ウェルカムなので、お近くにお越しの際はぜひ、気軽に立ち寄ってみてくださいね。

どんどんいきましょう。「石神井の奇跡」ともいえるのが、昔ながらの大衆食堂、「ほかり食堂」と「辰巳軒」。どちらも歴史は長く、勝手に「日本酒場文化遺産」に認定したい渋いお店です。かつて近所にあった檀一雄邸に、坂口安吾氏が居候をしていた際「出前にライスカレーを100人前とろう」ということになって（いかにも遊び心のある文化人らしいですね）、この2軒からカレーが運ばれた、なんてエピソードも残っているほど。

ほかり食堂は、冷蔵庫から瓶ビールや缶チューハイを自分でとってくるスタイルが嬉しく、世にも珍しい、うま煮風の「肉豆腐」が絶品。小上がりの座敷の居心地なんて、ほとんど実家の居間です。一方の辰巳軒は、中華も洋食も出す昔ながらのレストランなんですが、特に揚げ物の腕が一流。中でも「ハムカツ」は、たっぷりのポテトサラダを包んで揚げるオリジナル！

昼間から飲めて異常にリーズナブルなので、ついついふらりと寄ってしまうのが、本場系中華の「玉仙楼《いせんろう》」。たった210円の「唐揚げ」、メニュー写真だと5つくらいなのに、実際にはその倍は出てくるという、もはや「逆ぼったくり」な優良店です。

同様にうまくて安い本場系中華として、480円で「台湾ラーメン」が食べられる「福龍園」に、夏場の「冷し刀削麺」がたまらない「長安ぴかいち」。

加えて、昔ながらの中華食堂「ラーメンHOUSE たなか」に、最近お隣の大泉学園から移転してきた気鋭の新店「Ron Fan」まで加わり、中華料理のみに限っても迷いたい放題です。

焼鳥屋ならば「ゆたか」の安定感がすさまじい。古き良き大衆酒場のお手本のようなお店ながら、途中にピーマンをひときれ巻きつけるように挟み込んだ「鳥皮」の丁寧な仕事には、涙がこぼれます。

さらなる情緒を感じたいならば「家路」。カウンター数席のみの小さなお店で、「よくぞ今まで残っていてくれました!」としかいえないノスタルジックな風情は感動的。

「スマイリー城《じょう》」は、テーブル席に炭火がセットされており、焼鳥を自分で焼ける地元の名物店。ただし、真の名物はキャラの濃い大将で、このお店でのおもしろエピソードを挙げだすとキリがないんですが、先を急ぐのでまた別の機会に。

長らくやきとん不毛の地だった石神井に希望の光をもたらしたのが、静岡・清水風の「もつカレー串」も食べられる「やきとん那辺屋」と、「加賀屋」で修業されたご主人が腕をふるう「加賀山」。どちらも近年オープンした新店で、特に加賀山の「シロ」には、「ついに石神井でもこんなにうまいシロが食べられる時代が到来したんだな……」と感動させられました。

オーソドックスな居酒屋にも良店多数。

民家のような座敷が楽しい「天盃《てんぱい》」に、「石神井で一番ホッピーのナカが濃い」説濃厚な「やぎちゃん」。数年前、経験ゼロ状態のご夫婦がオープンさせた「とおるちゃん」の日進月歩もすさまじく、地元での愛されっぷりが大変なことになってます。駅からは少し外れた街道沿いにある「呑み処 あかり」は、優しいママが営む、ほっと心落ち着く一軒。

ちょっと背伸びをして美味しいものをいただきたいなら、居酒屋というよりは「割烹《かっぽう》」に寄りますが、「海音《かいね》」が間違いないでしょう。

ディープ方面がお好みならば、「波穂《なみほ》」。商店街の旦那連中が、連日カラオケで大盛り上がりするカオスな雰囲気ですが、それを仕切る女将さんの佇まいと、気の利いたおつまみのラインナップが素晴らしい。

若い勢いを感じさせてくれるお店もあります。いわゆる「ネオ大衆酒場」的な「くうのむ ちゃのま」は、店主の実家がとんかつ屋さんだったそうで「とんかつ」が絶品。自主企画のライブを開催したり、地元の若者主催のDJイベントに場所を提供したりもする懐の深いお店「クラクラ」なんて、代官山にあっても確実に人気店になるレベルのおしゃれさ。ワインに合う気の利きすぎた料理も揃っていながら、しっかりと練馬価格なのが嬉しすぎます。

バーもちらほら。カジュアルな雰囲気で本格的なウイスキーが楽しめるのは「スプラウト」。ピアノの生演奏が聴ける「ビストロ・ド・シティ」は、若かりし頃の小林旭が隣で飲んでいてもおかしくないような、昭和ゴージャス空間が圧倒的です。

しっかりとした食事メインで飲みたい日、寿司だったら駅前の「寿し処 さつき」が定番。回らない正統派のお寿司屋さんでありながら、にぎり一貫50円~という、地元民にとってありがたすぎるお店です。

さぬきうどんの「うたた寝」では、うどんは締めと考え、まずはセルフで選べる「おでん」で飲むのが楽しい。

こちらは夕方前までの営業になってしまうんですが、「むさしの エン座」のうどんも素晴らしすぎる。もとは別の場所にあった小さな個人店だったのですが、あまりの人気ゆえ、石神井公園に隣接する「ふるさと文化館」が2010年にオープンする際、その1階にどーんと移転されました。「武蔵野うどん」とはいうものの、ガチガチ系ではなく、ふわっとなめらかな麺が究極に優しい。個人的おすすめは「焼豚うどん」の冷やで、滋味深いスープにギュッと旨味が濃縮された焼き豚が数枚。途中で卓上の特製薬味を加えると、刺激的な辛味が加わってどこかラーメン風に変化することから、通称「ラどん」とも呼ばれています。おつまみも豊富で、練馬産の野菜を使った「地野菜かき揚げ」なんて、200円とは思えないボリューム。地酒や地ビールの品揃えにも力を入れており、大きな窓の外の公園を眺めながらここで一杯やる時間は、かなりの贅沢といえます。

家庭的イタリアンの「イル・ポンテ」は、記念日などの節目に夫婦で訪れては、必ず幸せな気持ちになって帰る名店。なので、できればあんまり流行ってほしくないくらいなんですが、いつ行ったたって、そりゃあ大にぎわいです。これでもか！ってくらいチーズたっぷりの「ミックスピッツァ」に「ラザニア」。それから、2色の手打ちパスタにグリーンピースとハム、さらに生クリームが加わる「パリア・エ・フィエーノ」など、どれも思い出すだけで顔がゆるむ美味しさ。

ここらで気分を変えてエスニックなんてどうでしょう。実は僕、近年「インドやネパールなどから来日して飲食店を経営している方々が、徐々に気づき始めている」という持論を持っているんです。何に気づいたかって？「自分たちの店の酒の値段が、日本の居酒屋に比べてずいぶんと高かった」ということにですよ。そして、そういうお店が本気を出すと強い！というわけで昨今、やたらと、「大衆価格で飲めるエスニック店」が増えている気がするんですよね。

駅前の「リアル」、商店街を少し行った「シルザナ」、さらにその先、駅から少し離れる「ススマ」、どこも自国のビールやワインの他に、サワーやウーロンハイなどを出しており、しかもそこらの激安大衆酒場に負けない安さ。気軽につまめる小皿料理も豊富で、どこもうまいんだから困っちゃいます。

沖縄料理はどうか？これまたなぜか充実してるんですよね。チェーン系の「海人《うみんちゅ》」があるだけでもありがたいんですが、外観だけなら現地のネイティブ店にしか見えない「みやこ」に、僕が石神井で、ジャンル分けを抜きにしても一番好きな酒場かもしれない「みさき」と、合わせて3店舗もあります。

みやこは「宮古そば」や「軟骨ソーキ」なんかのオーソドックスメニューが揃っていて、夏場、扉を開け放った店内で飲み食いしていると、まるっきり沖縄にいる気分。

みさきの定番は、モチモチの「アーサー天ぷら」、ホクホクの「マグロの天ぷら」、肉厚の身をカリッと香ばしく揚げた「グルクンの唐揚げ」、ダシの旨みが染み込んだ「フーチャンプルー」……好きなものだらけできりがないですが、離島「伊是名島《いぜなじま》」出身、下ネタちょい多めの「りえこママ」を中心に、明るい女性スタッフのみなさんで営む家庭的な雰囲気こそが、最高に癒される理由でしょう。

なんと、僕が勝手に定義するところの「天国酒場」もあります。東西に長い石神井公園を散歩しているとやがて見えてくる、都内とは思えないほど自然豊かな「三宝寺池」。そのほとりに「T島屋」という茶屋が。口コミサイト普及の影響により、店内での写真撮影や取材が一切NGになってしまったので、念のため店名を伏せますが、ここがもう、まるっきり時代劇に出てくる「峠の茶屋」のような雰囲気。戸を全開にした畳敷きの大広間で、「味噌おでん」やスナック菓子をつまみに缶ビール。お腹に余裕があれば、かの名作漫画『孤独のグルメ』（原作・久住昌之／作画・谷口ジロー、一九九七年）で、主人公の井之頭五郎が堪能した「カレー丼」を食べるのもいいでしょう。となると、ワンカップも追加しちゃおうかな。

……ここまで挙げたの、あくまで「個人的に好きなお店」であって、飲食店自体はまだまだありります。そう、いくら地味なイメージの街にも、実は驚くほどさまざまなお店があり、自分にとっての心のオアシスがきっと見つかるはずなんです。もしもこれまで、「地元にはいいお店がない」なんて思い込んでいた方、まずはいつも素通りしていた赤ちょうちんに、ふらりと吸い寄せられてみてはいかがでしょう?

最後に、石神井について書いておいて、ここに触れないわけにはいかない一軒をご紹介します。約10年前にこの街に住み始めてからすぐ、そのインパクトに目を奪われ、ずっと気になっていた「和風スナック とき」。

まず店名の「和風スナック」からしてわからないし、看板の筆文字「自家製ピザパイ お土産承ります」がさらに混乱を招く。「どんなとこなんだろう?」と思いつつ、他にも気になるお店が山ほどあるので、しばらくは前を素通りしていたんですが、2、3年くらい経ったある時、腹具合や時間帯などのちょうど良いタイミングがやってきて、お店に飛び込んでみたんです。

……衝撃でしたね。ぱっと見はごくオーソドックスな昔ながらのスナック。しかしカウンターの中にいるのは、白シャツにピシッと蝶ネクタイを締めた、にこやかで恰幅のいいマスター。よくよく観察すると店内のあちこちに、欧米の風を感じさせるようなオブジェが。

実はマスターの時澤勝之助さん、昭和31年に働き始めてから15年間、米軍関連の施設でコックをやっていたという経歴の持ち主で、基礎となっているのが、本場仕込みのアメリカ料理というわけ。

いつも楽しそうにお客さんとおしゃべりしながら、流れるように美しい動きで仕事をこなす姿が、本当に魅力的。「鳥唐揚げ」「ベーコンエッグ」「冷奴」「お新香」なんて定番は揃っているんですが、本領を発揮するのが「ピザパイ」に「グラタン」。かつて日本で、今でいうピザのことをそう呼んでいた時代があったそうで、チーズたっぷり具沢山、どこか懐かしい熱々のピザパ

イも、皿から溢れ出る勢いのグラタンも、アメリカの子供たちが想像するごちそうをそのまま具現化したような一品です。

　僕はマスターの口癖が大好きで、常に「美味しそう〜！」と言いながら料理を作られ、お客さんに出す時は「はい、美味しいよ〜！」と。御年80歳をすぎてもこんな姿勢で仕事ができている人、この世にどのくらいいるだろうかと、飲みながらいつも感動します。

　さらに時間が深まれば、マスターの実娘、マサヨさんを始めとする3人の看板娘たちがご出勤。お年のため夜の9時には帰られてしまうマスターに代わってお店を仕切り始めれば、そこは陽気なガールズバーに早変わり！

　この楽園のような楽しさを味わい、もっと早く来なかったことを後悔しつつ、ちょくちょくと通うようになり、時には、取材をお願いして、じっくりとマスターの人生についてお話を伺ったこともありました。

　そんなマスターの訃報を聞いたのは、2017年末。

　最後にマスターとお会いしたのは、その数ヶ月前でした。お店に伺い、いつもと変わらぬ元気な様子にすっかり心癒されたこともあって、とても信じられるわけがない。が、地元で知り合った飲み友達からの情報を確認するに、どうやら事実らしい。

マスターがご存命の「とき」で飲んだ最後の夜は、妻が妊娠中で、僕がひとりで伺った時。いつも通りテレビを見ながら世間話をさせてもらっていると、妻の妊娠の話になり、それを聞いたマスターは「それは良かったね〜！　そうだ、『ピザパイ』作ってあげるから、食べさせてあげて。おいマサヨ、持ち帰り皿ひとつ！」と、恐縮する間もなくお土産をいただいてしまいました。

妻もマスターのピザパイは大好物。持って帰ると「美味しい美味しい」と食べてくれ、夫婦で「ありがたいね」と感謝したことをよく覚えています。

その後、無事に生まれてきてくれた娘を見ていると、ふいに、「お前にはときのマスターの想いがきっちりと受け継がれている。きっと何があっても大丈夫」なんて、根拠はないけど間違いないであろう、お酒が運んでくれた運命のようなものを感じることがあります。

それから少しして、マスターの信念と味を受け継ぐマサヨさんと看板娘のみなさんによって、ときの営業は再開しました。相変わらずにぎやかで、店員さんと常連さんが垣根なく大笑いしているその場にいると、きっとマスターもどこかからこの様子を見て、安心してくれてるんじゃないかな、なんて、勝手な思いが込み上げてきて、ついついまたお酒が進んでしまうんですよね。

酒場っ子メモ　この本の出版元である「スタンド・ブックス」、実は「とき」のすぐご近所にあります。そんなところにも、酒場の神様の遊び心を感じますよね。

酒場巡りが仕事になっても、なお通うお店

有楽町「チカロ」

お酒や酒場が好きすぎるあまり、写真や文章、イラストなど、さまざまな形で記録に残しておきたいと活動を続けるようになって約10年。ありがたいことに、ちらほらとお仕事をいただける機会も増え、ついには、こんな本まで出版させてもらうことができました。

最近は毎晩、どこかの酒場へ取材に行ってはお酒を飲んで、気づけば2週間くらい休肝日がなかった、なんてことも珍しくありません。

実はこれ、純粋に好きな気持ちとは裏腹に、体力面だけで見ると、ちょっぴり辛い。そもそも僕、「何杯飲んでもぜんぜん平気！」ってな酒豪ではないので、毎晩帰りの電車に乗り込む頃にはもうヘロヘロ。帰宅したとたんに泥のように眠り、翌日、疲れがとれたんだかとれてないんだか判然としない体調のまま、前の晩の記憶を頼りに記事を書いたりしている。お酒を抜いてよ～

く眠った翌日とは、集中力もぜんぜん違いますし……。

いや、決して愚痴ではないんです！　誰だって働く上では辛いこともあるでしょう。それでも僕は、ずいぶん楽しく、幸せに仕事をさせてもらっているなぁと、感謝ばかりの毎日です。ただ、どうしても生じてしまうジレンマもある。それは、「仕事以外で飲む機会が減ってしまう」というもの。

そもそも僕がいちばん喜びを感じるのは、知らない街で未知の酒場にワクワクしながら飛び込む瞬間であり、そうやって出会った自分にとっての名店で、心静かに飲んでいる時間です。

仕事で取材をさせてもらう酒場は、すでに知れ渡っている名店も多いし、取材費だって出してもらえる。しかしながらそれは「良いお店であることの確認作業」という意味合いが大きく、とても勉強になってありがたい反面、「もっと自分の時間とお金も使って飲まないといけないよな……」なんて、ついつい焦ってしまうんですね。つくづく、贅沢な悩みでありますが。

そんな僕にも、仕事とは関係なく、しかも家の近所でもないのに、チャンスを見つけてはつい飲みに行ってしまう、数少ないお店があります。

そのひとつが、有楽町の「チカロ」。

JR有楽町駅近くのガード下に「食安《しょくあん》」という不思議な場所が存在します。約3畳くらいの道からへっこんだスペースにお酒の自販機がずらりと並び、いくつかのテーブルが置いてある。奥にはどう見ても通用口にしか見えないドアがあって、夜になると突如そこが、乾きものなどの販売窓口へと変貌する。常に勤め人が行き交うオフィス街の目の前にあって、この一帯だけは街から切り取られたようにフリーダムな空気が流れており、優雅な酒飲みのみなさんが寄り集まって、楽しそうに缶ビールや缶チューハイを飲んでおられます。

無論、僕もここが大好きで、以前から近くに来るたび寄っていたんですが、その並びに「チカロ」というお店の入り口を見つけたのは、約1年前。その後、誘って一緒に行った友達にも、常連さんにも、必ず「よくこのお店の存在に気づいたね」と言われるような、まさに「見える人にしか見えないお店」。まさか、こんなに何度も通っていた場所にもあったとは……。

目印は、控えめに店名の書かれた小さな看板のみ。「あれ？　こんなところにお店があったんだ」と覗きこむと、半地下のスペースへと続く階段の上に、輪切りの木を5つ鎖でつなげたオブジェがぶらさがっています。その1枚1枚に「ちょっと一杯」「いかがですか？」「のんびりと…」「料理はうまいし」「そのわりに安いし」と、味のある手描きの文字。これを見た瞬間、まるで雷

酒場っ子メモ　有楽町～銀座界隈は、全国各地の「物産館」の密集地帯でもあります。買った商品をイートインで飲み食いできるところも多く、「物産館飲み」が楽しすぎ！　僕のおすすめは沖縄の「わしたショップ」。

に打たれたような衝撃を受けてしまったんですよね。「呼ばれている！　自分はここを好きになるに違いない！」と。

価格帯も、どんなお店かもわからぬまま、ふらふらと階段を降りてゆくと、そこに広がっていたのは、洞窟のような、不思議と心落ちつく空間。先客はなく、カウンターの中にはママがひとり。見知らぬ一見客の来店に一瞬驚かれたようですが、「一杯飲んでいってもいいでしょうか？」と伺うと「ニコッ」と顔を崩され「どうぞ」と。この瞬間、もうチカロのとりこになっちゃいましたよね。

バーのような雰囲気ではありますが、メニューはどちらかというと居酒屋に近く、お刺身やちょっとした一品メニューが日替わりでいくつか。お酒も料理も、チェーンの激安酒場ほどではないけれども、驚くほど高くもない。そして、何を頼んでもほっとする美味しさ。あまりにも真っ当で、あぁ、やっぱりいいお店だった……。

以来、仕事で近くを通ったりするたびに寄るようになってわかったのは、ここ、いつも常連さんたちで大にぎわいの、知る人ぞ知る人気店。だけど、初訪問時は奇跡的に、お客が僕ひとりという静かな時間がしばらく流れ、いろいろとお話をさせてもらうことができたんですよね。

チカロは昭和40年、前マスターの、稲津進一さんがオープンさせたお店。

店名の由来はまさか「地下牢」からきているわけではなく、マスターの奥様の名前が「千加」だったから、というのは、あとになって常連さんから聞いた噂話です。熊本出身で、東大の国文科を出たインテリ。銀座からも近い場所がら、文化的なお客さんも多いお店ですが、どんなジャンルのどんな人とも、ハイレベルな会話を楽しまれていたそうです。

現在のママ、ゆうこさんは、ここに20年前から通われていた、もと常連さん。

10年ほど前、その接客業の才能を見抜いたマスターから口説き落とされ、2代目としてお店を任されました。マスターはその後ほどなくして亡くなられてしまったそうで、マスターの弟のシローさんや女性スタッフがたまに手伝われる他は、基本おひとりでお店を切り盛りしてこられました。お客さんはみな、ゆうこさんの、さっぱりとしていながらも温かい人がらを慕って集まってくるようなもの。

常連度が上がれば上がるほどお店の仕事を手伝うことになるシステムも特徴のひとつで、サーバーからビールを注いで他のお客さんに出す、注文や伝票の管理、はたまた、カウンター内に入ってのお釣りの対応まで、誰もが嫌な顔ひとつせず、喜んで買って出ているように見え、「自分も早く手伝えるようになりたいなぁ」とさえ思わされます。ゆうこさんは、お店が忙しくなれば、その慌ただしい感じをまったく隠そうとしないタイプ。「誰か大根買ってきて！」「は～い、僕行きま～す」なんて会話が聞こえてくることも珍しくありません。だけどみなさん、そういう空気を楽しんでいるんですよね。

近くの画廊のオーナーや、大企業の社員さん、そして僕のような若輩者までが並列に肩を並べ、誰も偉ぶることなどなく、和気あいあいと盛り上がる。マスターとゆうこさんが長年かけて築き上げたこの空気は、酒場のひとつの理想形といえるでしょう。

人はなぜ酒場に通うのか？

安上がりにてっとりばやく酔っぱらいたいならば、家で飲めばいい。純粋に「美味」を追求したいならば、専門店や高級レストランに行けばいい。それでも我々酒飲みは、今夜も飽きもせず、飲み屋の赤ちょうちんに吸い寄せられてしまいます。

それは、酒場というほんの少しの「非日常」が、職場と自宅という別々の日常の間をスムーズにつなぐ潤滑油になるからではないでしょうか。ひとり静かに飲む、仲間と大いに笑う、老舗の空気に浸りながら、チェーン店でとことん気軽に。人により、好きなお店の条件はさまざまで、だからこそ酒場はおもしろい。

そして、僕にとっての「チカロ」のように、心のオアシスだと感じられるお店との出会いは、人生にとってかけがえのない財産だと、強く思います。

これからも、偉大な先輩方が築き上げ、守り続けてきた「酒場文化」をありがたく享受しつつ、何か少しでも恩返しをさせてもらいたい。そんなひとりの「酒場っ子」として、楽しくお酒を飲んでいけたらいいなぁ。

人物索引

事項索引

ま行

や行

ら行

わ行

た行

な行

は行

索　引

店名索引

本書は書き下ろしです。

パリッコ

1978年東京生まれ。酒場ライター、DJ／トラックメイカー、漫画家／イラストレーター、他。酒好きが高じ、2000年代後半よりお酒と酒場関連の記事の執筆を始める。雑誌でのコラムや漫画連載、WEBサイトへの寄稿も多数。著書に、スズキナオとの共著『酒の穴』（シカク出版）、11人の著名人との対談集『晩酌百景』（シンコーミュージック）など。雑誌『酒場人』（オークラ出版）監修。趣味は酒と徘徊。

パリッコ
酒場っ子

二〇一八年五月二十八日　初版発行

編集発行者　森山裕之
発行所　株式会社スタンド・ブックス
〒一七七-〇〇四一
東京都練馬区石神井町七丁目二十四-十七
TEL　〇三-六九一三-二六八九
FAX　〇三-六九一三-二六九〇
stand-books.com

印刷・製本　モリモト印刷株式会社

ISBN 978-4-909048-03-5 C0095